特別支援教育サポートBOOKS

学びにくい子への
ちょこっとサポート

授業で行う
合理的配慮の
ミニアイデア

佐藤 愼二 編著

明治図書

まえがき

☆「めがね」と合理的配慮

　読者の中には「めがね（やコンタクトレンズ）」を使っている方がいると思います。もし，「めがね」なしで研修会等に参加すれば，かなり不自由な思いをするはずです。合理的配慮とは，正に，苦手さのある子への「めがね」のような支援です。視力が弱い場合は，「めがね」という個別の配慮があることで授業のスタートラインに立てるのです。

☆新学習指導要領と合理的配慮

　「合理的配慮」とは少々気難しい言葉ではあります。しかし，すでに，新小学校・中学校学習指導要領の各教科等の「第3　指導計画の作成と内容の取扱い」にはその本文に「障害のある児童（生徒）などについては……」という記載がなされ，その解説には，合理的配慮の具体が例示されているのです。

　つまり，通常の学級における「特別」ではない支援として，「めがね」のような当たり前の支援としての「合理的配慮」が求められる時代になりました。

☆「教科等別に」「見開き一つのアイデア」

　本書は授業ですぐに活用できるように「教科等別」にまとめました。さらに，「ページを開いて一つのアイデア」ですので，大変読みやすくハンディーです。校内委員会や学年会等も含めて，様々なシーンで活用できるようにしています。ぜひ，本書を職員室の机上に置いてください。

　また，本書は，姉妹編とも言える『ユニバーサルデザインの学級づくり・授業づくり12か月のアイデア事典』（明治図書）とあわせてご活用ください。合理的配慮とユニバーサルデザインは相補い合う関係にあるのです。苦手さのある子も活躍できる学級・授業づくりのお役に立てることを願って！

　　　　　　　　　　　　　　　　　　　　編著者　佐藤　愼二

もくじ

まえがき……………………………………………………………… 3

第1章
苦手さのある子とつくる
通常の学級の授業づくり ………………………………… 11

第2章
授業で行う！
合理的配慮のミニアイデア ……………………………… 17

全般

授業中の勝手な離室が目立つ子
離席カードとOKメダル …………………………………… 18

気持ちのコントロールが苦手で，すぐにイライラする子
がんばりが目に見えるがんばり表 ……………………… 20

活動の見通しがもてずに，集団行動ができない子
やることがわかる手順表 ………………………………… 22

約束が守れず，集団での不適応行動が目立つ子
気持ちをチェンジする落ち着きカード ………………… 24

声の大きさの調整が難しい子
自分の声を意識する声の大きさレベル表 ……………… 26

机のまわりの整理整頓が苦手な子
見てわかる片付け法 ……………………………………… 28

視覚過敏のある子
カラーフィルターの使用 ………………………………… 30

発表が苦手な子
発表の仕方を書いたお助けカード ………… 32

手先が不器用で，箸が上手く使えない子
やる気をアップさせる金シール ………… 34

国語

国語に苦手意識のある子①
動いて読み取る動作化作戦 ………… 36

国語に苦手意識のある子②
内容理解がスムーズになる映像・実物資料 ………… 38

文章の読み取りや内容理解が難しい子①
選んで解けるワークシート ………… 40

文章の読み取りや内容理解が難しい子②
視覚化模型 ………… 42

どの部分を読めばよいか分からない子
範囲の決まったヒントプリント&ワークシート ………… 44

読んだ内容を振り返れない子
ダウトゲームに挑戦 ………… 46

自分の考えに自信がなく不安な子
友達と一緒に考えよう ………… 48

学習に目的がもてない子
わくわくゴールの設定 ………… 50

音読が難しい子
読み上げ，ルビ付きのシート，全員で音読 ………… 52

漢字が苦手で作文が長く書けない子
表現を褒める作文の鑑賞会 ………… 54

毛筆書写が苦手な子
先生の硯とかご字なぞり …………………………………… 56

言葉の概念形成が苦手な子
先生と一緒に似ているところ探し …………………………… 58

社会

調べ学習に取り組むのが難しい子①
穴あき板書プリント …………………………………………… 60

調べ学習に取り組むのが難しい子②
心が楽になるらくだカード …………………………………… 62

授業への切り替えが難しい子
地名探し ………………………………………………………… 64

時代の順序を覚えにくい子
♪「もしもしかめよ」の替え歌大合唱 ……………………… 66

新聞づくりが難しい子
好きな写真や資料ベスト5 …………………………………… 68

課題を解決する段取りや見通しが立てにくい子
担任開設の「相談コーナー」 ………………………………… 70

算数

絵から正しい情報を得ることが難しい子
ヒント付きプリント …………………………………………… 72

数をまとまりで処理することができない子
フラッシュカード ……………………………………………… 74

数の合成・分解ができない子
10だんごの歌 …………………………………………………… 76

繰り上がり・繰り下がりの計算が苦手な子
段階的なさくらんぼ計算 ……………………………… 78

計算の手順を覚えるのが難しい子
ひき算のじゅもんブック ……………………………… 80

かけ算九九をなかなか覚えられない子①
かけ算九九カード ……………………………………… 82

かけ算九九をなかなか覚えられない子②
指で計算九九 …………………………………………… 84

吃音があり九九を速く唱えられない子
言葉の教室での作戦会議 ……………………………… 86

時刻と時間がスムーズに読めない子
すぐに読めるようになる読み方のパターン化 ……… 88

割り算のひっ算が難しい子
位ごとの色別数字カード ……………………………… 90

大きな数を読み書きするのが苦手な子
ノートのマス目に合わせた位取りカード …………… 92

数をイメージすることが難しい子
分数板の活用 …………………………………………… 94

図形の分類の整理が苦手な子
感覚的仲間分け ………………………………………… 96

3つの角度が覚えられない子
直角　垂直　平行ジャンケン ………………………… 98

ものさしの目盛りを読むのが難しい子
工作用紙付きものさし ………………………………… 100

公式を覚えるのが苦手な子
算数SOSカード ………………………………………… 102

算数に苦手意識のある子
やる気がアップするチャレンジプリント …………………… **104**

文章題を読み取ることが苦手な子
文章題の部分提示 …………………………………………… **106**

算数授業の板書に時間がかかる子
小さいワークシート ………………………………………… **108**

自信がもてず引っ込み思案な子
答え合わせは拍手でGO …………………………………… **110**

理科

実験中に衝動を抑えられない子
みんなもわかる約束ボード ………………………………… **112**

観察カードの絵がうまく描けない子
ちょこっとヒント資料 ……………………………………… **114**

生活

カルタ遊びに参加するのが難しい子
役割の工夫 …………………………………………………… **116**

友達と手をつなぐ感覚に苦手さがある子
メダルプレゼント作戦 ……………………………………… **118**

音楽

リズム打ちのタイミングが合わない子
スモールステップの成功体験 ……………………………… **120**

リコーダーの運指が苦手な子
簡単な運指だけでできる楽譜 ……………………………… **122**

鍵盤ハーモニカの音がつらい子
一時避難＆イヤーマフ ……………………………………………… 124

図工

カッターナイフの使用に不安を示す子
安全使用の免許証 …………………………………………………… 126

手先が不器用な子
便利な文房具 ………………………………………………………… 128

グループ学習で逸脱してしまう子
コの字型配置とお弟子さん席 ……………………………………… 130

自分を絵に描けない子
粘土でお絵描き ……………………………………………………… 132

家庭

ミシンでの製作手順を聞くだけでは不安な子
画像入り製作手順カード …………………………………………… 134

調理実習が苦手な子
使いやすい用具選び ………………………………………………… 136

体育

縄が上手く回せず，跳ぶことが難しい子
選べるカードと道具 ………………………………………………… 138

長縄の8の字跳びができない子
楽しくトライ「おおなわとびにちょうせん！」カード ………… 140

合図が覚えられない子
見ればわかる運動会だより ………………………………………… 142

> 道徳

気持ちを表現することが苦手な子
心のものさし ………………………………………………… 144

> 特別活動

話し合い活動が苦手な子
どの子もわかる話の可視化と焦点化 …………………… 146

吃音のため，健康観察ですぐ言葉が出ない子
他の表現を使いやすい雰囲気づくり …………………… 148

校外学習の作文を書くことが苦手な子
場面毎の写真活用 ……………………………………… 150

朝の会のスピーチが苦手な子
5W1Hのワークシート&後ろ黒板の手がかり ……………… 152

第3章
学校全体で進める合理的配慮と
ユニバーサルデザインの実践 ……………………………… 155

第1章

苦手さのある子とつくる通常の学級の授業づくり

教育ミスをなくそう

「教科書36頁の問題の4番をやります」と指示すると、「先生、何て言ったのー！」と問い返す子供の姿が小学校で見られます。努力してもうまく聞き取れない子供がいます。聴覚的な記憶の箱が小さいため、一度に2つの指示（36頁を開く＋4番を見る）がうまく入らないことがあります。

さて、その子供に「話を聞いてなさい！」と注意をくり返しても問題は解決しません。むしろ、聞く努力をしてもうまくできない子供への叱責が繰り返されることになるため、その子供はしだいに意欲を失うか反発します。たとえば、視覚障害の子供に、「なぜ黒板の字を読めない！」と叱責する教師はいません。本人の努力だけでは見えないことを教師が理解しているからです。だとすれば、努力をしてもうまく指示を聞き取れない子供への注意・叱責は、おそらく、医療ミス以上の"教育ミス"になるでしょう。

これは、"努力不足"として誤解される事例の典型で、"できない"要因とその支援の検討を強く求めます。

ユニバーサルデザインと合理的配慮

❶ ユニバーサルデザインとは？

先の"一文二動詞"の指示ではなく、「36頁を開きます」「問題4番です」と"一文一動詞"の指示をします。その指示の仕方は、聴覚的な記憶の箱が小さい子供には「ないと困る支援」です。しかし、"一文一動詞"の指示にはメリハリがあり、どの子供にも聞き取りやすい「あると便利で・役に立つ支援」になります。

ユニバーサルデザインの定義は以下です。
　〇発達障害等を含む配慮を要する子供に「ないと困る支援」であり、
　〇どの子供にも「あると便利で・役に立つ支援」を増やす、

○その結果として，全ての子供の過ごしやすさと学びやすさが向上する。

❷ 合理的配慮とは？

　上記のようなユニバーサルな支援をしてもなお，不注意により聞き逃してしまう子供がいます。その場合には「座席を最前列にする」「重要な指示の前には机をトントンと軽く叩いて合図を送ってから指示する」ような配慮をします。これらは，あるAさんだけのための支援になります。つまり，「合理的配慮」と言われる支援です。

❸ 同じスタートラインに立つ

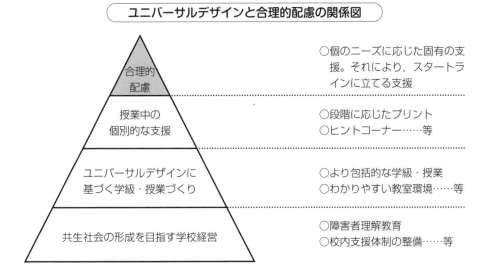

　たとえば，漢字を読めないAさんにルビ振りのないテストを配付すれば，Aさんは漢字を読めませんので，テスト問題を解けません。つまり，テストの入口でつまずき，スタートラインに立てないことになります。

　ユニバーサルな支援を尽くしながらも，また，子供本人が精いっぱいの努力してもなお，及ばないことがあります。その場合には，合理的配慮を提供

することで，スタートラインを揃えることになります。
　図にあるように，ユニバーサルデザインは配慮を要する子供の「ないと困る支援」の把握をし，その中からどの子供にも「あると便利で・役に立つ支援」を増やします。それは，図にある三角形の頂点に向けて限りなく学級や授業の包括性を高めることです。
　しかし，AさんやBさんの「ないと困る支援」の全てを包括することはできません。つまり，個のニーズに特化した支援＝「合理的配慮」が求められることになります。それは，その支援なくしては学習参加への公平性が担保できないという厳しい思想性に基づく最終的な配慮と言えます。

授業ユニバーサルデザインと合理的配慮の実践的展開

❶ 聴覚的焦点化

　「長い説明や指示は外国語のようであった」（当事者）－話し言葉は見えず，終わりもわかりません。発達障害の有無にかかわりなく，聞く活動は決して簡単ではありません。教師の話し言葉はできるだけ少なくすることで，ポイントに焦点化します。当然，冒頭に触れた一文一動詞も心がけます。
　また，注意が必要なのは，"友達の発表を聞く時間"です。聞き取れていない周りの子供は多くいます。子供の発表の仕方・聞き方の確認は学級づくりの要とも言えます。
　「耳が上下左右前後に付いてるような感覚」（当事者）－自閉症の子供はざわついた教室の最大の被害者になると言われます。普段の教室は元気一杯でいいのです。しかし，「大事な話です。静かにします」と言った時に，静かにできることが大切です。静けさは授業中の節々で自閉症の子供に「ないと困る支援」の象徴になります。同時に，静けさはどの子供にも聞き取りやすい環境をつくりますから「あると便利で・役に立つ」支援なのです。それでもなお，鉛筆で書く音や椅子のきしむような微細な音が気になる子供がいます。その場合には，耳栓やイヤーマフを使います。つまり，合理的配慮を提

供することになります。

❷ 視覚的焦点化

　「書き言葉が第一言語で，話し言葉は第二言語」（当事者）－視覚情報は自閉症の子供に「ないと困る支援」です。一方で，大人でも約80％の情報を視覚から得ると言われます。書かれたものは全体を把握しやすく，何度でも確認できます。さらに，色の違いなどによって，焦点化を図りやすいのです。すなわち，どの子供にも「あると便利で・役に立つ支援」になります。
　「"ウォーリーをさがせ"にしないでほしい」（当事者）－視覚情報は強い故に，多すぎれば見てほしい情報が不鮮明になります。見てほしい情報に焦点化できるように，教室正面・黒板はきれいにします。そのうえで，貼り物やチョークの色の工夫やマグネットツールでポイントの視覚的焦点化を図ります。それでもなお，必要があれば，Ａさんだけのために簡単なメモを用意するなどして，合理的な配慮をします。

❸ 一時一作業の原則と前置きの指示－スタートラインを揃える

　「話を聞きながら，書く作業をする電話応対は苦手である」（当事者）－教師の大事な説明を聞くべき時に子供はノートを書いている……等はありがちな授業風景です。一度に２つの動作・作業は大人でも困難を伴います。聞くときは聞く，書くときは書く……可能な限り一つの作業に集中できるように授業を進めます。一時一作業でスタートラインを整える配慮をするだけで授業は一変します。
　「鉛筆を置きます。大事な話をします」という簡潔な指示や，黒板を叩きながら注目を引き「～の説明をします」などのさりげない前置きの指示は，配慮を要する子供には「ないと困る支援」であり，どの子供にも「あると便利で・役に立つ支援」になります。
　それでもなお，気がそれてしまう子供がいる場合には冒頭の例のように，座席の位置や個別に合図を送るなど配慮を尽くします。

❹ 動作化

「絶えずどこか動かしていないと集中できない」（当事者）－多動性の強い子供にとって，授業中の何らかの動きは「ないと困る」必須の支援です。多動性を"動くことが好きで得意"とポジティブに解釈します。一方で，私たち大人もわずか30分程の講演を聞いているだけでも，睡魔に襲われることがあります。しかし，少しでも動ける演習的要素が入ると眠気は飛びます。"聞くだけ・見るだけの活動"では，大人でさえ集中力を保てません。

子供の集中力を維持するのは極めて困難です。小学校で，1時間目から6時間目まで毎日授業を受け続ける自信がある読者は皆無だと思います。

だからこそ，授業中の何らかのルールのある動きを適時適切に入れ込みたいのです。動きは－聴覚・視覚ルートをはるかに凌駕しうる－集中力を高める効果があります。音読，グループ学習，ペア活動などの動く（話す）時間は，多動性の強い子供には正に「ないと困る支援」ですが，どの子供にとっても集中力を高める「あると便利で・役に立つ支援」になります。

それでもなお，Aさんに必要があれば，授業中のプリント配りや黒板ふきの係を個別に用意します。これらも合理的配慮なのです。

「主体的・対話的で深い学び」へ導こう

「主体的・対話的で深い学び」の授業が求められています。ユニバーサルデザインと合理的配慮は，正に，その土台であり，どの子供も授業のスタートラインに立てるようにします。苦手さのある子供も学びやすい授業はどの子供も主体的・対話的で深く学べる授業になるのです。

（佐藤　愼二）

第2章
授業で行う！合理的配慮のミニアイデア

全般 授業で行う！
合理的配慮のミニアイデア

授業中の勝手な離室が目立つ子
離席カードとOKメダル

子供の様子

授業中につまらなくなると，教師の許可なく勝手に教室から出ていってしまいます。初めは教室付近にいたのですが，次第に行動範囲が広がり，気付くと見当たらず，管理職の教師にお願いして探してもらうことがしばしばありました。子供が勝手に入ってはいけない教室に入り込んで遊んでいたり，時には外で夢中になって水遊びをしていたりすることもあり，子供の勝手な行動はエスカレートしていくばかりでした。

指導のアイデア

勝手な離室が目立つ子供には，"学校は自由ではない"ことを教えなければなりません。この子供の場合，"勉強がつまらない"，"おれは許される"とよく言っていました。勝手に教室を抜け出して好きなことをして過ごすうちに，"つまらないから教室を出ても良い"といった誤学習ができあがってしまいました。まずは，この誤学習の修正が不可欠です。

そこで，教師の許可を得てから離室できる"OKメダル"を作成しました。このメダルは，何度でも繰り返し使えるように，透明のラミネートを貼ってホワイトボード用のペンで書いたり消したりできるようになっています。教師は，子供が「OKメダルをください」と言いにきたら，すぐに「先生に言えてえらかったね」と言って褒め，メダルを渡します。このときに，どこ

へ行くのか，何時に戻るのかを確認し，メダルにそれを書き込みます。子供とは，この手続きを経て初めて離室ができることを事前に確認しておきます。

また，メダルを首からかけて離室することで，誰もが一目で子供が教師の許可を得てから離室していることがわかります。メダルを首から下げているときは，「先生に許可をもらってから出てくることができてえらいね」と褒め，子供とかかわることができます。メダルがない場合は，「教室に戻りなさい」と声をかけたり，教室へ戻したりします。許可を得ずに離室している子供に，子供が求めるかかわりを持ってしまうと，"勝手に出てきて楽しかった"という不適切な成功体験をさせてしまいます。"メダルをもらって離室すると得をする"ということをかかわりの中で教えます。校内で共通理解して取り組みましょう。

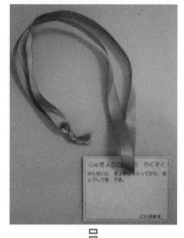

OKメダル

この方法でよく失敗するケースがあります。それは，子供は教師との約束を守っているのに，すぐにメダルを渡さず，「この勉強をしてからにしようね」などと言ってしまうことです。まだ何も勉強していない子供に対して，教師は少しだけでも勉強してほしいと思うものです。しかし，子供の立場からすると，「先生は，ぼくが許可を得に行ったのにメダルをくれない」ということになります。そうだとすると，子供は"勝手に離室した方が楽"ということを学んでしまいます。

教師として子供に勉強をしてほしいと思うことは当然です。しかし，この場合は，まずは"先生の許可を得てこそ自分が望むことができる"ことを学ばせます。授業に参加させる目標については，また別の手だてで対応します。

（大山　恭子）

| 全般 | 授業で行う！
合理的配慮のミニアイデア |

気持ちのコントロールが苦手で，すぐにイライラする子
がんばりが目に見えるがんばり表

子供の様子

集団の流れやルールに従って取り組むことは難しく，常に自分のペース，自分のやり方で行動していました。

また，注意散漫なため，教室の様々なものが気になり，取りかかりに時間がかかったり，集中して一つのことをやり遂げたりすることが苦手でした。

指導のアイデア

集団の中では，教師が常にその子供に付くことは難しいことです。そのため，子供はいつのまにか「自分はやらなくても許される」といった自己流のルールをつくり上げてしまいます。また，そのような子供にルールを守らせることはとても大変なことです。ましてや，集団のルールを守ることの必要性に気付いてないことがあります。

そこで，子供にどんな約束を守れば良いか，何をすべきなのかを具体的に示していきます。そして，約束を守ることでポイントを集め，そのポイントの数によってご褒美が得られるようにします（ご褒美を目的に頑張らせる）。

しかし，注意しなければならないのは，ご褒美は段階的な手立てであるということです。周囲の大人は子供の良い行動を積極的に認め，次第に，褒められて心地良かったという経験が子供のご褒美になるようにしていくことが大切です。

『がんばり表』の作成時のポイント

1 約束は優先課題に絞って具体的に
2 「してほしいこと」で，少し頑張ればできるレベル
3 一緒に相談して決定
4 合格基準は全体の60～65％

約束	月	火	水	木	金
	／	／	／	／	／
1 8時10分までにランドセルの中身を出してロッカーにしまう。					
2 給食の配ぜんの時間に席にすわっている。					
3 連絡帳を書く。					
合格シール					

3つ中，2つ〇がついたら合格シール。
1週間に3枚以上でご褒美！

授業中の約束を入れる場合は，スケジュール形式で（1時間ごとの評価の方が短い見通しのため，頑張りやすい）。

月 日（ ）
1．友だちや先生に死ね、きえろ、バカと言わない、つばを吐かない。①
2．宿題を提出する。③

	1	2	3	4	5	6
1．授業中、わからないときに手を挙げて先生に聞ける・自由帳に絵を描く・さくらルームカードを持ってさくらルームに行く。①（必要ない場合も①）						
みんなと同じ勉強ができたら＋ポイント						
2．先生の許可なく、勝手にしゃべらない。（注意3回で×）①						
3．授業中に勝手に立ち歩かない・勝手に教室から出ない（席についている）②						
合計ポイント 点					ゾーン	

☆約束について
・『みんなと同じ勉強をする』（教科書等を見てノートにまとめるのもOK）の評価
　14分以下：0点　　15分～：1点　　30分～：2点　　45分（全部）：3点

☆ 合格ポイントについて

	6時間	5時間	4時間
〈合格〉パーフェクトゾーン	43点以上（46点満点）	40点以上（43点満点）	37点以上（40点満点）
〈合格〉スーパーゾーン	38点以上	36点以上	34点以上
合格ゾーン	30点以上	28点以上	26点以上
〈不合格〉ブルーゾーン	24点より下	20点より下	17点より下
〈不合格〉レッドゾーン	21点より下	17点より下	14点より下

☆合格ゾーン以上を1週間の内、3回とることができたら、週末にアイスをゲット！

合格基準を段階的に示すことにより，子供の意欲を高めることができます。各ゾーンによって，ご褒美シールの色を分けて与えるとより効果的です。

不適応の原因には，誤学習による自己流のルールの構築，ソーシャルスキルの不足などがあります。そのため，「がんばり表」の約束の提示をする際に，その約束の理由（目的）を教えることが大切です。そうすることで，約束に納得がいくため，子供の意欲を高めることができます。　　（大山　恭子）

| 全般 | 授業で行う！
合理的配慮のミニアイデア |

活動の見通しがもてずに，集団行動ができない子
やることがわかる手順表

子供の様子

　いつも給食の準備が遅れてしまい，ナプキンを敷く前に給食を配膳されてしまうことに腹を立てて泣き叫んでいました。

　1年生は，幼稚園や保育園と違って自分のことは自分でやらなければならない場面が増えます。また，その取り組み方も違います。その違いに慣れるまでの時間が人一倍かかるようでした。

　その原因として，先の予測がうまくできないために見通しをもって取り組めないことや，注意があちこちに転導してしまうので行動が遅れてしまうことが考えられました。

指導のアイデア

　ホワイトボードを用意し，『はじめ』と『おわり』の枠をつくります。『はじめ』の枠には，ある一定の行動パターンを1枚の板磁石に対して一つずつ書き出します。順番に並べることで，給食までの見通しが一目で見てわかります。

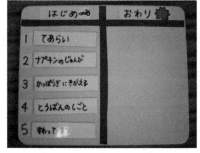

　また，『おわり』の枠に，やり終えたカードを移していくことで，残りの行動の量がわかるので，より一層，見通

しがもちやすくなります。

　さらに，磁石を動かすという動作は，注意をボードに戻すという働きもあるため，注意力に問題のある子供にはより有効と考えます。

　あわせて，タイマーや砂時計など，時間が目で見てわかるツールを活用することで，時間の見通しがもちやすくなるため，集中して取り組みやすくなります。

　ボードに取り上げる見通しが長い（一連のカードの数が多い）と，取り組んでいるうちに集中が途切れてしまうことがあります。まずは短い見通しから始め，それらのパターンを増やしていきます。そうやって，ボードがなくても一人で取り組める場面を増やします。

〈効果が期待できるそのほかの場面〉
　朝の支度，帰りの支度，帰宅後の宿題を終えるまで（保護者に紹介）等

困難さそれ自体への対応

　いつもやっていることなのに，一人だとできない，場面が変わると同じことでもできないという子供がいます。このような子供は，言われたままに取り組んでいたり，周りの真似をして行動していたりするだけなので，その行動の意味付けができていません。経験を意味付けることが難しい子供には，「すぐに勉強が始められるように教科書とノートを準備しておきましょう」と行動の意味を教えたり，意識的に様々な経験をさせたりする必要があります。とくにお手伝いは，目的を成し遂げるための一連の作業工程があります。また，それに必要な技術も学べます。家庭と連携して取り組むとより効果的なので，保護者面談などで話題にしてみると良いでしょう。

（大山　恭子）

| 全 般 | 授業で行う！
合理的配慮のミニアイデア |

約束が守れず，集団での不適応行動が目立つ子
気持ちをチェンジする落ち着きカード

子供の様子

　勉強がわかりたい，できるようになりたいという気持ちが強いだけに，わからなかったりできなかったりすることにイライラしていました。また，失敗が苦手なため，思うように作品がつくれないと，それをぐちゃぐちゃにして投げ捨ててしまうこともしばしばで，そのたびに，「なんでこんなことをやらせるんだ」「うるさい！」などと，周囲に大声で文句を言い続けていました。

指導のアイデア

　イライラしているときに，「なんですぐに怒るの！」などと言われると，誰でも余計にイライラします。そのため，イライラしていることに着目するのではなく，"イライラするのは仕方がないこと。しかし，人前でイライラすると，みんなに迷惑をかけてしまうとともに，あなたの評価を下げてしまうことになる"と教えます。それにより，"イライラしたときは，その場を離れて，できるだけ早く気持ちを切り替えることが大事"という約束をします。
　まずは，気持ちを切り替えるためのスペースを決めます。何となくふらふらしているうちに気持ちが落ち着いたのでは，気持ちを切り替えようという意識が働いていません。気持ちを切り替えることに意識をもたせるためには，場所を決めることはとても大切なことです。

次に"落ち着きカード"を作成します。イライラしているときは，教師に離室の許可を得るような精神的な余裕がありません。そこで，"イライラしてきたら，カードを机の上に出してから　離室する"という決めごとを設けます。教師は，落ち着きカードが机の上にあって，教室から出て行った場合は，気持ちを切り替えるために指定の場所に行っていることがわかるので安心です。

できるだけ早く気持ちを切り替えることが大切なので，タイマーをその部屋に置いておき，自分で時間を決めて過ごさせるのも良い方法です。

また，早く気持ちを切り替えるための方法をその子と相談し，お絵かきグッズやお気に入りの本などを置いておくのも良いでしょう。注意が転導してしまわないよう，机と椅子を用意し，"○○くんの気持ちを切り替える場所"と紙に書いて貼っておくと，そこで過ごせることがよくあります。

落ち着きカード

イライラするので，気持ちを切りかえるために，学年室に行ってきます。

表

〈落ち着きカードを使うときのルール〉
1. イライラが強くて，先生に言葉で伝えられないときは，このカードを机の上に出してから，教室を出る。
2. 学年室では，きめられたスペースで過ごす。
3. 気持ちを切り替えるために教室を出たので，できるだけ早く気持ちをきりかえるためにタイマーで時間を決める（その時間で気持ちを切り替えられないときは延長する）。
4. 気持ちが切り替わったら，自分から教室に戻る。そのさい，机の上を元通りに片づける。
5. 教室に戻ったら，みんなと同じ勉強をする。
6. 自分にいけないところがあったときは，授業が終わったら，友だちや先生にあやまる。

※みんなの部屋なので，だれかが教室に入ってくることがあります。

裏

 ## 困難さそれ自体への対応

イライラには，必ず理由があるため，そのような状況を減らすには，その理由に対しての学習が必要となります。いつ，どのような場面で，なぜイライラしているのかをよく観察し，一般的な物事の捉え方や対応方法を具体的に教えていくことが大切です。子供に聞いてみると話してくれることも多いので，解決策が見出しやすくなります。

（大山　恭子）

全般	授業で行う！ 合理的配慮のミニアイデア

声の大きさの調整が難しい子
自分の声を意識する
声の大きさレベル表

子供の様子

　声の大きさの調整が難しく，時と場合によって声の大きさを変えて話をすることが難しいため，よく周りの人から「うるさい」と注意をされていました。とくに興奮するとますます声が大きくなりますが，本人は一向に気付いていない様子でした。

　場の空気や，他者の気持ちの汲み取りがうまくできないことや，加減を推し量ることの難しさが，このような失敗につながっていました。

指導のアイデア

　声の大きさの調整が苦手な子供のほとんどは，自分の不適切な声の大きさに気付いていないことが多いようです。そのため，声の大きさの加減が目で見てわかるようして示します。よく教室でねずみ（1），ねこ（2），犬（3），ライオン（4）のイラストが入った声の大きさのレベル表を見かけます。自閉症の傾向がある子供は曖昧さの汲み取りが苦手なため，動物でたとえるよりも数字のほうがわかりやいことがあります。子供の特性に応じた活用が大切です。

　声の大きさを調整させるときには，「今，あなたの声の大きさレベルは1だから3の声で話しましょう」などと，今の声の大きさを伝えます。そうすることで自分の声の大きさがわかるため，調整しやすくなります。場に応じ

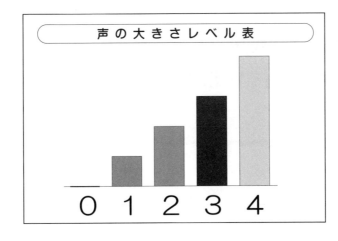

た声の大きさで話ができたときは、「今の声の大きさは良かったね」と褒めてあげることも大切です。

困難さそれ自体への対応

　話のやりとりの目的によって声の大きさは異なります。たとえば、周りの人に聞かれては困るようなゲームの作戦や内緒話は小声で話します。班での話し合いは、大きな声で話すことで班の人にはよく聞こえますが、ほかの班の人にはうるさくて迷惑になってしまいます。そのため、近くの人にだけ聞こえればよい声の大きで話します。このように、場に応じた声の大きさは、自分と他者との関係性や場の雰囲気、目的などをふまえて判断しますが、これらの対応が苦手な自閉症の傾向がある子供には、"発表するときはレベル2の声"と状況と声の大きさレベルを1対1で教えていきます。

　このような学習は、通級指導教室などでの個別指導が有効です。個別指導で、声の大きさの調整の仕方を理解し、集団の中で、そこで得た知識を活用できる場面設定があることで、より効果的なソーシャルスキルの獲得が目指せます。

（大山　恭子）

全般　授業で行う！
合理的配慮のミニアイデア

机のまわりの整理整頓が苦手な子
見てわかる片付け法

子供の様子

　机の上には，いつも紙でつくった工作や紙くず，前の授業で使ったプリント，はさみなど，学習と関係のない物で散らかっていました。また，机の周りにも持ち物が落ちていて，必要な物が必要な時に見付からず，学習の取りかかりに遅れることがしばしばでした。

　気になる物があるとすぐに注意がそれてしまい，それまでにしていたことはそのままの状態で，また違うことを始めてしまいます。このような行動の繰り返しがいつの間にか自分では手に負えない状態を導いていました。

指導のアイデア

①机の中

　整理された引き出しの状態を写真にとって掲示し，右の引き出しはお持ち帰りの部屋，左の引き出しはお泊りの部屋と確認します。毎週金曜日は，子供に引き出しを整理させ，机の上に出して下校するようにします。右の部屋は空っぽで，左の部屋には
必要な物だけ入っているかを子供も教師も確認しやすくなるので，週明けに机の中がすっきりとした状態でスタートできます。

②筆箱の鉛筆

鉛筆に番号を振ります。とくに自閉症傾向がある子供は，番号の順番にこだわるため有効です。消しごむや定規にも番号をふると，ほかの物も揃うようになります。

③ノートや教科書，ドリル

教科書やノート，ドリルなどをクリアファイルやジッパー付きのケースにまとめて入れます。ケースの色を教科ごとに分けることで，机の中からすぐに取り出すことができるので，学習の準備がスムーズになります。

片付け時にケースの中に戻せるとより良いのですが，初めは，家庭で行う学校の準備の時に整理できるところから始めたほうが取り組みやすいです。家庭と連携して取り組みましょう。

学校で子供が管理する物はとても多様でその量も多いです。そのうえ，個人にあてがわれる収納のスペースは限られているため，整理整頓が苦手な子供には対応しきれないのが現状です。どんな手だてを行っても整理整頓がうまくいかない子供には，自分で管理する持ち物の量を減らしてあげましょう。

色鉛筆やはさみ，のりなどのお道具は先生のところにまとめて置いておき，必要な時に渡すくらいのほうが自分の持ち物を管理しやすくなります。

整理整頓の苦手な子供の中には，勉強そのものに対するモチベーションが低いために，"学習がスムーズに進むよう整理整頓をする"という意識が働かない場合があります。このような子供には，学習意欲を高める支援がまず必要になります。

子供のつまずきの原因によって対応方法が異なるため，子供の状態をよく観察して対応することが大切です。

（大山　恭子）

| 全 般 | 授業で行う！
合理的配慮のミニアイデア |

 視覚過敏のある子
カラーフィルターの使用

子供の様子

　教科書を読むのもたどたどしかったり見づらそうだったりして，ノートに文字を書くように言われても目をしばたたかせたり細めたりして「眠い」と嫌がります。みんなが喜ぶ大型ビジョンを使った授業でも机に突っ伏してしまうことがありました。課題には「やりたくない」と意欲が見られません。読んであげれば本の内容は理解することができます。校庭での体育は途中で「眠い」と言い出し，両手を顔の前で組んで座りこむことも出てきました。聞いたり話したりすることはでき，ほかの子に比べて理解が遅れていることは見られません。

　紹介された病院でＡさんは「視覚過敏」と診断されました。視覚過敏には様々な症状があるということでした。「眠い」はまぶしさやそれに伴う見えにくさをうまく表現できず，そのように言ったのではないかとのことでした。

指導のアイデア

　医師のアドバイスを受けて以下のような支援を考えました。
①座席の配慮
　校内では定期的に照度輝度検査を行い，その結果をふまえ，医師にも相談。座席を配慮し，光源の近くや直射日光が強い窓際を避けました。また放送室

で使わなくなった厚めの遮光カーテンを教室後部に付けました。
②特別な支援への理解
　特製のサングラスや読書の時のカラーフィルターを用いるようにして，ずいぶん楽になり勉強することが楽しくなったと保護者から報告がありました。体育の時は先生もサングラスをかけることにし，申し出があればほかの子も付けていいことにしました。特別な支援については本人が引け目を感じたりほかの子に特別視されたりしないよう，周りの子供たちの理解も大切です。
　ほかにも資料集のグラフなど，色を多く使ったものは見にくいことがあったため，線の種類で判別できるように加工する，プリント類は，真っ白より黄味がかった紙に印刷するなど保護者とも相談しやりにくさを軽減できる支援を考えました。

予告で備える　　　　カラーフィルターでまぶしさを減らして

　視覚過敏の様態は個々に異なりその適切な対応には専門性が必要です。学校でも定期的に医師から助言を受け，環境づくりを行います。

（漆澤　恭子）

全般 授業で行う！合理的配慮のミニアイデア

 発表が苦手な子
発表の仕方を書いたお助けカード

子供の様子

先生の「発表してくれる人？」の発問に対して，発表したい気持ちはあるが，どのように発表したらよいのかわからず，もやもやしているようでした。
状況に合わせて単語を操作したり，できごとの脈絡をとらえて表現することが難しいようでした。

指導のアイデア

配慮を要する子供には，イエスか，ノーか，あるいは選択肢を選んで発表するような質問形式が望ましいと言われています。しかし，もう一歩踏み込んだ答え方もさせてみたい，子供が，ためらわずに発表できるようにするための指導のアイデアです。

このカードを使用することによって，自分の考え方の道筋を整理しながらまとめ，伝えることができるように工夫されています。

どの教科，どの単元でも同様に使用することができ，慣れてくればカードを見なくても発表することができるようになり，最終的には，なくても発表できるようになればと考えます。

キーワードだけを考えればよいので，それぞれの思考の独自性を保ちながら，発表の負荷を排除できるので，子供にとって表現への意欲が高まります。

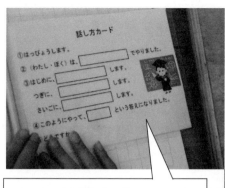

話し合い時には，手元に置いて確認しながら話す。

話し方カード
① はっぴょうします。
②（わたし・ぼく）は……でやりました。
③ はじめに……します。
　つぎに，……します。
　さいごに……します。
④ このようにやって……という答えになりました。
　どうですか？

　右は，同様の考え方のシートです。これは，全員同じものを使用し，グループでの発表時にも，全員の前の発表時にも，見ながら話し合ったり，発表したりします。

　同じパターンのシートにキーワードだけを記入することで，書く時間も少なくなり，話し合いの時間も増え，比較もしやすくなります。

（加藤　悦子）

全般

授業で行う！
合理的配慮のミニアイデア

手先が不器用で，箸が上手く使えない子
やる気をアップさせる金シール

子供の様子

　給食時に箸がうまく使えないため，いつもスプーンで食べていました。保護者にその状況を聞いてみると，「幼少期に練習したものの，うまく使えないので箸を使いたがらず，そのままになっている」とのことでした。
　手先が不器用だったため，スプーンも握り持ちで，指先を器用に動かす箸は子供にとって至難の業でした。スプーンがあれば箸を使う必要性はなく，また，"恥ずかしい"という気持ちも弱かったため，自分だけが箸を使えない状況に対して「恥ずかしいから練習してみよう」といった意欲付けが困難でした。

指導のアイデア

　箸が使えるようになるためには，練習が不可欠です。箸が使えるようになりたいという必要性では練習が難しかったため，子供のもつこだわりをいかした手だてを考えました。
　その子は，ピカピカしたものが好きだったため，練習の回数によって金シールを貼ることができる表を作成しました。練習回数によってシールの色を変えることで，毎日，決められた回数を練習することができました。『箸が持てるようになるため』ではなく，『金シールを貼りたい』という目的の置き換えはその子にとって有効でした。また，意欲の継続を図るために定期的

にゲーム形式の『おはし大会』を設けました。レベルが上がるごとに難易度を上げると，次第に達成感が得られ，自信につながっていきました。練習の見通しがもてたことにより，飽きることなく，諦めることなく，繰り返し練習に取り組むことができました。

〈おはしチョー名人大会〉
★はこに入った物を すべて 手をつかわずに はしで もう一つのはこにうつそう。
　今回は，箱と箱の間が はなれているよ！
　制限時間は，1分間

これできみは，おはしチョー名人大会 合格だ！

困難さそれ自体への対応

　目と手の協応運動や手先の不器用さの改善には，定期的な練習や意図的な機会をつくることが大切です。そこで，家庭で，指先を使うお手伝いに取り組ませます。たとえば，洗濯物を干す手伝いは，洗濯ばさみを扱うことで指先の力を調整して動かします。また，食器の洗い物はスポンジを持つ指先を皿やコップの形に沿って動かします。

　このように，指先を使う練習はほかにも日常生活のあらゆる場面で見付けられます。上記の手だても含め，保護者と連携して取り組むと良いでしょう。

（大山　恭子）

国語　授業で行う！合理的配慮のミニアイデア

国語に苦手意識のある子①
動いて読み取る動作化作戦

子供の様子

「国語」と聞くだけで，「やりたくない！」「嫌い！」と机に突っ伏してしまう子供がいます。文章を見るだけで「読みたくない」といった気持ちになり，やる気が起きないようです。どうしても国語は多くの文章が羅列しています。文字の多さに苦手意識をもつようです。

また，文章を読む，発問を聞く，ノートに書くといった一連の学習の流れに沿うことが難しいようで，集中力が続きません。長時間座って学習することに困難さを感じました。

指導のアイデア

子供が「読んでみたい」と思えるよう，動作化を取り入れました。2年生で学習した"たんぽぽのちえ"では，動作化を取り入れることで，実感を伴った理解につながりました。

ずっと座っていることが困難なのであれば，動きを取り入れることが必要です。しかし，無駄に動くのではなく，「読み取ったことを動作化する」ことに意味があります。子供は動作の説明ができるように，自ら文章を「読もう！」という気持ちになり，自然と読み取る力が付きます。そして，動作化したことを友達同士で共有することで，内容理解が円滑になりました。

動作化をしている友達にインタビューを行った。動作化した子供は読み取った内容を説明する。聞いている子供は書かれている内容に合っているか考える。双方にとって，文章の読み取りに効果的である。

身体全体を使った動作化をすることで，座学のみでは集中が困難な子供も学習のメリハリができ，集中しやすくなる。

「動いてみよう」という発問では，動作化できない子供もいます。その際，動作化する場面の一文を取り出し，短い文章の動きを表現できるようにします。

また，ペア学習を取り入れました。友達の動きを見て理解したり，ともに考えたりすることで，自信をもって動作化できるようにします。「ずっと座る」「静かにしている」という環境ではなくなると，「国語の学習はおもしろい」という考えに変化します。

（木下　真衣）

国語 授業で行う！
合理的配慮のミニアイデア

国語に苦手意識のある子②
内容理解がスムーズになる映像・実物資料

子供の様子

「読む」ことに苦手意識があったり，読むことへの困難さがあったりする子供にとって，「国語」の時間は苦痛を伴うことさえあります。内容の理解ができれば，話し合い活動に参加したり，ワークシートの記入ができたりする力のある子供が多いです。「読みたくないな」という気持ちから，つまづいてしまうのです。しかし，写真や映像を見たり，実物を操作したりする時間があると，興味を抱いて，読もうとしていました。

指導のアイデア

黒板・ワークシートだけでなく，視覚化した教材を取り入れるため，映像や実物を取り入れました。どちらも，教材文の読み取りを確認するために活用できます。写真のみでは興味をもてない子供もこの2つが出ると，ぐっと身を乗り出し，集中できます。

映像は，教材文に合わせて自作で作成したり，デジタル教材の動画を活用したりします。実物は，触ったり，匂いを嗅いだりすることで，実体験を伴えるようにしました。そうすることで，文中の表現と照らし合わせることができ，内容理解がスムーズになりました。映像や実物に触れることで，「書いてあったことは，このことなんだ！」と，気付くことができます。

動きや音があることで、「見たい！」という思いが生まれ、必然的に集中する。

2年生「たんぽぽのちえ」でわた毛を見せた。実物を触ることで、わた毛の様子やたおれ方に着目し、文章の表現が理解できた。その結果、集中力が継続する。

実際に体験すると、教材文に興味・関心が高まる。

（木下　真衣）

国語 授業で行う！
合理的配慮のミニアイデア

文章の読み取りや内容理解が難しい子①
選んで解けるワークシート

子供の様子

「読む」ことができるものの，いざ読み終わった後に，「どんなことが書いてあったのか忘れてしまう」「何が要点なのか把握しきれていない」子供がいます。感想を述べるにしても，ペアやグループで話し合い活動をするにしても，「同じスタートラインに立てず，うまく参加できない」ことが多くなります。そこで，思考の手順を明確にするためにワークシートを用意してみたのですが，「特別なのはイヤ」という意思表示でした。

指導のアイデア

読み取り，内容を理解しやすくするために，ワークシートを作成しました。ワークシートは2～3種類あり，子供自身が自分に合ったヒントが書かれているワークシートを選べます。色分けされたものや，穴埋めになっているものなど，「これでやってみよう」「これなら自分でできそう」と思えるようにしました。子供は自分でワークシートを選ぶので，ワークシートを全部埋めようと，ゲーム感覚で取り組み始めます。「これはどういうことだろう？」と感じたところを読み取ろうとし，読み取れたときには，おおよその内容も理解できていました。最初はヒントの多いワークシートを選んでいた子供も，回数を重ねると，「レベルアップしてみよう」と，ワークシートの選択を変えるなどし，積極的に学習に取り組みました。

表

とい　桃太郎が最初に出会ったのは？

こたえ　桃太郎はきびだんごを持って旅に出ました。最初に犬がやってきてきびだんごをもらって仲間になりました。次に、猿がやってきました。……

裏

とい　桃太郎が最初に出会ったのは？

こたえ　桃太郎はきびだんごを持って旅に出ました。最初に犬がやってきてきびだんごをもらって仲間になりました。次に、猿がやってきました。……

> プリントは例。
> 教科書の本文を用いてプリントを作成する場合も，ヒントになる部分にマーカを引いたヒントバージョンのプリントを裏面に作成しておく。
> 表裏で難易度別のプリントにする。
> 掲載する文章は，学習する範囲に絞って掲載するとよい。

　自分に合ったワークシートが選択できない子供や，ヒントが多いワークシートを選択することに恥ずかしさを感じる子供がいます。難易度別の内容を一枚の裏表に印刷することで，「やっぱり，こっちに変えようかな」と，自分で選択できるようになります。①読み取る，②ワークシートに書く，③友達と共有する，④内容理解につながるといった学習の流れの定着につながっていきました。

（木下　真衣）

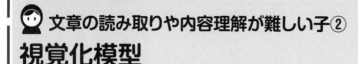

文章の読み取りや内容理解が難しい子②
視覚化模型

子供の様子

　一度の音読や通読で，文章の内容を理解できる子供がいる一方，音読，通読した文章に何が書かれていたのか理解できない子供がいます。読んでいくうちに，内容を忘れてしまう記憶力の困難さと，文章の中の重要な部分がどこなのかわからない困難さがあるようです。

　正確に読み取りができないため，内容を理解できませんでした。そのため，ノートに書くことや，ペア学習も円滑に進みませんでした。

指導のアイデア

　読み取りや内容理解をしやすくするために，文章に書かれていることを視覚化したり，実際に模型などをつくって動かしたり動いたりしました。書かれている内容を見える形にすることで，文章からイメージすることが難しい子供でも，内容を理解することができます。また，理解できたことを言葉で説明することが難しい子供でも，模型などを使って動作化することで，理解を確認できました。また，子供同士で動作化しているところを見合うことで，理解を深め合ったりすることができます。

文章に書かれていることを見える形にすることで、内容をイメージしやすくし、内容理解につながりやすくする。
また、読み取ったことを見える形にすることで理解を深める。

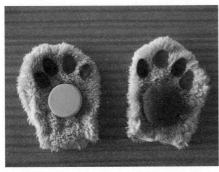

特別支援学級1,2,3年、「いきもののあし」（説明文）で活用。模型等を使って実際に動くことで、模型なしでの動作化より、さらに内容をイメージしたり、理解を深めたりすることができる。

（木下　真衣）

国語 授業で行う！
合理的配慮のミニアイデア

どの部分を読めばよいか分からない子
範囲の決まったヒントプリント＆ワークシート

子供の様子

　学年が上がるごとに文章の量が増え，文章を読むことが難しいようでした。長文であればあるほど，どの部分を読むべきなのか，どの部分がキーワードなのかわからなくなるようです。

　また，教科書のページをめくったり，ページが変わったりすることで，それまでの内容がわからなくなってしまう困難さを抱える子供もいます。

指導のアイデア

　どの部分を読み取れば良いのかわかりやすくするために，教科書本文の情報量をしぼり，ヒントプリントにしました。その時間に学習する内容のみヒントプリントに載せます。前時の振り返りを授業の初めに行うと，それまでの学習とのつながりがより深まります。

　文章からキーワードを読み取ることが困難な子供には，キーワードになる部分に色を付け，視覚支援を行います。また，文章のみでは理解が困難な子供には絵や写真に照らし合わせて読める・書けるようなワークシートを用意しました。ワークシートの情報量もできるだけ抑え，視覚的にすっきりさせます。また，色を付ける際は，多くとも３色までにし，着目して読むべき箇所を明確にします。

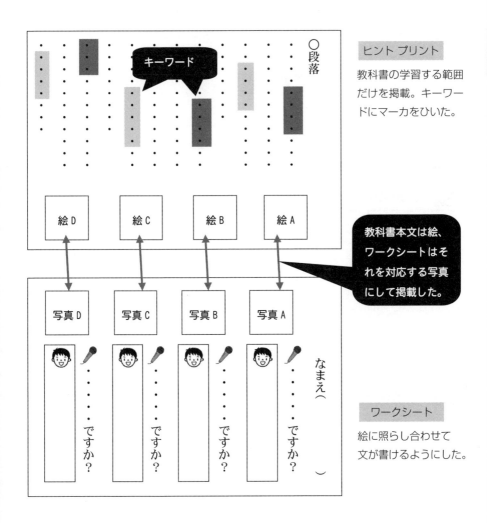

　教科書のページをめくったり，ページが変わったりすることで，それまでの内容がわからなくなってしまうので，ワークシートは見開きにしました。上下の目と手を連動する動作の練習が必要な児童は，通級指導教室で取り組んでいるビジョントレーニングを活用し，色が付いた部分を指さしながら，下のワークシートに文を書く練習をします。　　　　　　　　　（木下　真衣）

国語 授業で行う！
合理的配慮のミニアイデア

読んだ内容を振り返れない子
ダウトゲームに挑戦

子供の様子

　授業で学んだ内容を振り返ることや，話の内容を説明することが難しいようでした。

　友達の発言を聞くと，「そうだった！」と理解できるのですが，自分の言葉ではなかなか内容を説明できません。順序立って説明することが難しいように感じました。また，自分の考えが間違っていないか不安になり，表現できないようでした。

指導のアイデア

　内容を理解し，振り返りの時間が楽しくなるよう，ダウトゲームを取り入れました。文章を読み，内容理解ができていればすぐにわかるようなダウトゲームから，ひっかけのあるダウトゲームまで，様々なパターンを用意し，子供の実態に合ったものを活用します。

　学習の最後にダウトゲームがあることが習慣化されると，子供自身が読んだ内容を自主的に振り返るようになりました。また，単純な「間違い探し」にならないよう，必ず文章を振り返ることができ，文章に立ち戻るダウトゲームを作成することが重要です。

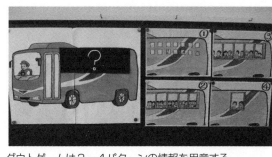

ダウトゲームは3～4パターンの情報を用意する。
答え方は一人の場合や，ペアの場合など，実態に合わせる。

なぜ，その絵を選んだのか言葉で表現させる。そうすることで，内容の理解と振り返りが確かなものとなる。

　ダウトゲームで，なぜ，その絵を選んだのか言葉で説明できない子供には，どこが違うと感じたのか，前に出て指さすように促します。そこから，全体に問いかけ，友達が発言してくれた内容に対し，「○○さんが，□□と言っていました。△△さんの考えも同じなのですか？」などと声をかけることで，言葉で表現することが困難な子供も友達の言葉を借りて，振り返りに参加できます。

（木下　真衣）

| 国 語 | 授業で行う！
合理的配慮のミニアイデア |

自分の考えに自信がなく不安な子
友達と一緒に考えよう

子供の様子

　自分の考えに自信がもてず，「間違っていたらどうしよう」という思いから，積極的に授業に参加できないようでした。
　また，一人で考えることができても，「学び合う」ことに難しさを感じました。自分の考えを明確に表す方法を探すとともに，友達に伝える経験が少ないようです。

指導のアイデア

　一人一人の子供が自分の考えをもって話し合いに参加できるように，ペア学習やグループ学習を取り入れました。そのためにまず，子供が自分の考えを明確に表すためのハンドサインを活用しました。ハンドサインから「〇〇さんも自分と同じ考えなんだな」といった共有感を得ることができました。

学習の参加意欲を高めるハンドサイン。

　ペア学習を取り入れたことで，自分の考えに自信をもち，積極的に発言できる子供が増えました。ペアだけでなく多くの友達と意見を共有したいという思いももつことができました。そして，課題やその解決方法を共有しやすくもなりました。

互いの意見を共有しやすくするため，付箋を活用した。言葉を視覚化する意図がある。
友達と話しながら付箋を動かし，考えを深めることができた。

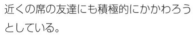

近くの席の友達にも積極的にかかわろうとしている。
友達と学ぶことの楽しさと，共有できる楽しさがある。

　また，ペア学習が習慣化すると，意見は「同じ」ことが重要なのではなく「違う」ことも大切なのだと気付くことができました。

　時間内に自分の考えをまとめられず，友達とかかわれない子供には，まずペアの意見を聞くことから始めます。聞いた後，友達の考えに付け足して答えても良いことにしました。その際，「付けたしですが〜です」「ちがう意見です。〜だと思います」などの話型を参考にし，伝えられるようにしました。

（木下　真衣）

国語 授業で行う！
合理的配慮のミニアイデア

学習に目的がもてない子
わくわくゴールの設定

子供の様子

　学習を進める中で、「こんなのやりたくない」と、やっていることを投げ出してしまう子供がいます。感想文を書いたり、友達と意見を交流したりするだけでは、目的意識がもてないためでした。
　「書く」「読む」のみでは、「もっと知りたい」「やってみたい」という思いをもてず、国語の学習時間は苦痛な時間という考えに結び付いているように感じました。

指導のアイデア

　全ての子供が意欲的に教材文へ向かえるように、指導計画を作成する際に、単元の最後に（第三次）としてわくわくできるようなゴールをを工夫しました。クイズ大会を開く、上級生に伝える、ALT（外国語指導助手）に遊びを伝える、コツを友達に伝える、校長先生に提案する……など何のために読んだり書いたりするのかゴールを明確にし、目的意識をはっきりもてるようにしました。
　また、その教材で何を学ばせるのか明確にし、教材の特性に合ったゴールになるように留意しました。

2年生は、「たんぽぽのちえ」を上級生に伝えるために読んだ。

4年生は、説明文で学んだ文章の構成を生かし、自分の得意なことについて、そのコツを伝え合った。

5年生は、説明文で学んだ説得の論法を生かし、学校を良くするための提案文を書き、校長先生に書いて渡した。

(木下　真衣)

> 国語　授業で行う！合理的配慮のミニアイデア

😊 音読が難しい子
読み上げ，ルビ付きのシート，全員で音読

👧 子供の様子

　教科書を音読しようとすると，拾い読みになったり，想像で読んでしまい読み誤ったりすることがありました。ひらがなやカタカナでも時々，想起に時間がかかることがあり，とくに漢字は苦手な様子です。そのため，問題を解決するのにも時間がかかってしまいます。じっくり内容を理解したり，考えたりする余裕が少なくなってしまうようでした。また，短時間に教科書や資料を読んで課題を解決する場面では，あせってしまうこともあるようでした。口頭でのやりとりは，しっかりしており，理解できている様子がよくわかりました。

指導のアイデア

　最初は，ルビの入ったワークシートを用意しました。少し時間はかかりますが，取り組みやすくなるようでした。シートが用意できない時には，机間指導の際に，書いてある内容を読み上げ，それを聞いて内容や意味が記憶に鮮明に残っている状態で取り組んでもらいました。この方法でも，比較的取り組みやすくなるようでした。
　ただ，このようなシートを用意しても，隠すように受け取ったり，机間指導をしようと近くに行くと「大丈夫」と言ったりすることが見られるようになってきました。

改めて話を聞いてみると，自分だけルビの入った教材を使ったり，読み上げてもらったりすることについて，「なんだか，僕だけこういうの，みんなはどう思っているのかな……」という話がでました。とくにからかわれたりした経験はないものの，自分だけ特別な配慮を受けることに抵抗を感じ始めている様子がうかがわれました。いろいろ話しましたが，頭ではわかっているものの，やはりどうしても不安が抜けきれないようでした。「いつもは，難しいかもしれないけれど，たとえば，みんなで読んでから書いたりするのはどうだろう」と提案すると，少しほっとした様子で，それなら良いとのことでした。

　そこで，国語の時間などには，まず「どのあたりに書いてありそうか」を子供たちにたずね，その段落を全員で一斉に音読してから，該当箇所を書き出すなどの方法をとることにしました。

　自分の力を発揮しやすい方法を自分ではわかっていても，周囲の目を意識して，自分にとって大切なその方法を選択したり，依頼したりすることに抵抗があるままでは，この先，このような配慮を遠慮してしまうことが心配でした。周囲の子供にとっても，自分が困っている時に安心して援助を求めることができたり，失敗することを不安に感じない学級の雰囲気がないと，こうした配慮を安心して求めたり，受けたりすることも難しいことを改めて考えました。

　その後，可能な時は，複数のプリントから選択できるようにしたり，自力解決時に相談コーナーを設け，誰もが困った時に気軽に相談できるようにしたりするなどを心がけました。複数のプリントの中にルビ付きのものも含めました。今では，一斉に読み上げる方法，自分から相談コーナーに来て，そこで読み上げてもらう方法，ルビ付きのプリントで取り組む方法のいずれかを自分から選択できるようになりました。

（堀　彰人）

国語 授業で行う！合理的配慮のミニアイデア

漢字が苦手で作文が長く書けない子
表現を褒める作文の鑑賞会

子供の様子

　整理整頓が苦手で，忘れ物や落とし物が多いほか，文字の読み書きが得意ではないようでした。文字に関しては，ひらがなやカタカナに誤りはあまりないものの，思い出しながら書いている様子でした。そのため，漢字は，書こうとしてもなかなか思い出せず，作文はほとんどがひらがなで，時間内に原稿用紙1枚の半分少しを埋めるくらいのことが多くみられました。しかし，とても素直な性格で，発想や視点がユニークな面もみられました。

指導のアイデア

　学級では時々，作文の相互鑑賞を行っていました。授業の中で回して読んだり，一定期間，教室にいつでも読めるようにファイルに綴じて置いておいたりして，読んだ感想などのコメントを付箋紙で付けられるようにしておきました。そのコメントでは，どうしても文字の誤りや漢字がないことに注目されてしまいがちでした。

　ある日の放課後，提出された校外学習の作文を読み返していると，水族館で見た魚のことをほかの子供とは少し異なる視点で，思わず微笑んでしまうような表現で書かれていました。そこで，いつもとは異なり，いくつかの作品の部分を教師が読みあげ，その作品の表現の良さに触れてもらうことにしました。

「きらきらひかるきょだいなうず。まぐろのうずまきだ。ぼくのめはずっとずっと，そこからはなれなくなってしまいました」

学級の子供たちからは，感嘆の声があがりました。作者が誰だかわかると，もう一度，子供たちから歓声があがり，照れくさそうに，でもちょっと得意げな笑顔がありました。

困難さそれ自体への対応

それから，彼の作文は少しずつではありましたが，原稿用紙１枚になるくらいまで粘って書く姿が見られるようになっていきました。「もう少し時間をください」「休み時間も書いていいですか？」と時間の延長を求めてくることがみられるようになりました。自分の感じたことを，そのまま表現すること，自分の表現の仕方でも大丈夫だということを感じてくれたようにも思えました。

作文を返却する際は，必ず口頭でも，表現の良かったところに触れるように心がけました。また，その際に，最初は構成の単純な低学年の漢字で書けそうなものを，その作文の中から１，２文字だけ選んでもらい，その漢字がどのような形かを一緒に言語化したうえで，その場で書き込んだらOKというようにしました。そのうちに，「ここ，友達に聞いて書きました」「この字，あってますか？」と書いた漢字を見せてくれたり，その漢字の構成を自分から言語化してくれたりしながら，何文字かは漢字を入れた作文を提出してくれるようになりました。

（堀　彰人）

| 国語 | 授業で行う！合理的配慮のミニアイデア |

毛筆書写が苦手な子
先生の硯とかご字なぞり

子供の様子

　毛筆の時間，落ち着きがなく筆に墨を含ませる加減もうまくいかず「あ，墨が垂れた！」「も〜！　教科書が邪魔」「あ，筆が……」と声があがることがあります。机の上も整頓が悪く，隣の席の子からも「ちょっと！　筆転がさないで」「筆持ったまま立たないで」「先生！　Aさんが床に墨こぼした」と苦情が続出です。今日の書写の目標は「字配り良く書こう」ですが，このように字を書くまでに時間がかかります。せっかく書いた字も初めの上の字が大きすぎました。すっかりやる気と自信をなくしてしまいます。

指導のアイデア

　子供の机は教科書（お手本），毛筆下敷き，硯，筆置きなど置けばもういっぱいです。ちょっと体が動くと机の上の物がずれて筆が落ちることもあります。そこで教師が硯を持って歩くことにしました。教師は筆を受け取ると墨を付けて穂先を整えて渡します。大げさに右払いを書いても腕が机の物に触って落ちることはありません。またスモールステップとして，まずはお手本のかご字（文字の輪郭）をなぞる（かご書き練習）ようにしました。初めの字は大きくはみ出していましたが，薄く鉛筆で書いた中をなぞるようにして書くと字形も字配りがうまくいきました。毛筆に取り組めるようになったので少しずつ机上の整頓の指導も始めようと思っています。

　毛筆では，一人一人が用意をし，姿勢を正して書くというのが一般的な進め方です。その中で硯を先生が持って歩くというやり方はちょっと異質かもしれません。しかし大切なのは毛筆に取り組むことです。
　「書けた」という自信をもつことがまず大切になってきます。毛筆に自信のない子には水筆も有効です。
　また，「水書用紙」を用いるのも良いです。水を付けて水書用紙に書くと筆跡は黒くなりますが，しばらく置くと消え，何度でもやり直しがききます。墨ではなく水で書くので周りを汚すこともありません。墨に抵抗のある子供も毛筆に親しめるという利点があります。

（漆澤　恭子）

国語

授業で行う！合理的配慮のミニアイデア

言葉の概念形成が苦手な子
先生と一緒に似ているところ探し

子供の様子

　言葉の意味理解が苦手で，国語や算数の文章問題につまずきが見られました。意味理解が不十分なだけで言葉そのものを知らないわけではないので，具体的な表現で伝えるとことにより，理解できる様子も見られました。

　これはこれ，それはそれと捉える傾向をもっており，広い意味で物事を理解することが苦手であったため，言語概念の形成が未熟なのではないかと推測しました。

指導のアイデア

　頭の中でバラバラになっている言葉を概念化していくコツを子供に学ばせる方法です。ある程度の語彙力があると，より効果が期待できます。

　通級指導教室などの個別学習で取り組むと，子供の理解力に合わせて進めることができるので，連携して学習を進めると良いでしょう。

〈学習の進め方〉

　右のようなテキストと絵カード2枚を用意します。

　初めは，乗り物や果物など，その言葉の特徴が説明しやすい絵カードを準備します。テキストの最後に上位概念を抽出させますが，スムーズにそれは何なのか（例「それは乗り物です」）が答えられるようになってきたら，違う種類の絵カードに変えていきます。そうすることで，上位概念の抽出の仕

方がわかりやすくなります。

以下の吹き出しの順番に学習を進めます。

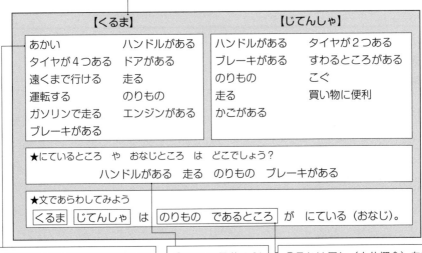

言語力のもとになるのが語彙力です。子供の発達に応じた語彙の獲得ができているかを把握しましょう。教科書は，発達に応じた言葉がたくさん使われているため，それを一つの柱として意識的に教えていくと良いでしょう。音読練習を生かして，家庭の協力を得ながら取り組むと効果的です。

（大山　恭子）

社会　授業で行う！合理的配慮のミニアイデア

調べ学習に取り組むのが難しい子①
穴あき板書プリント

子供の様子

　社会科の調べ学習の時間になると，「頭が痛い」「お腹が痛い」と不調を訴え，保健室やトイレに行き，ノートづくりがなかなか進みませんでした。
　一見すると「やる気がない」「社会が嫌い」と見えてしまいますが，教科書を読んでも何が大切なのかわからないことや，書くことそのものに対する抵抗があるようでした。何をしていいかわからないことが，高学年になると，「やる気がない」などといった本人の気持ちの問題のように感じられてしまいます。

指導のアイデア

　まず，「できない」「わからない」という感情から，「できそう」という気持ちにさせるために，板書をプリントにし，一部を穴あきにしておくことで，「できそう」と気持ちに変化が見られました。まとめ方が明確になり，「やってみよう」という気持ちになるようでした。また，プリントを完成させるために，教科書をじっくり読む姿も見られるようになりました。
　「できた」という活動を増やすことで，「頭が痛い」「お腹が痛い」といった訴えはなくなりました。

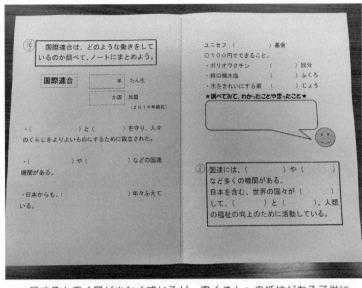

一見すると書く量が少なく感じるが，書くことへの抵抗がある子供には，「これぐらいなら書けそう」という気持ちをもたせること。
書くために教科書をじっくり読むことで，学習することができる。

　最初はプリントそのものに書き込み，ノートに貼るようにしてきました。慣れてきたら，板書のプリントを手がかりに，自分でノートにまとめる練習をしました。キーワードのまとめ方がわかるようになると，プリントを見ながら，自分でノートづくりに取り組む様子が見られるようになりました。

(榎本　恵子)

> 社会　授業で行う！合理的配慮のミニアイデア

調べ学習に取り組むのが難しい子②
心が楽になるらくだカード

子供の様子

　課題の自力解決型の学習が多く取り入れられやすい社会。課題が出された後，何をどこから調べたらよいのか悩んでしまい，1時間が終わってしまいました。

　課題の理解も難しいようでしたが，聞かれていることに対して，どこから調べたらよいのかわからない，教科書だけでなく，その他たくさんの資料から，見付け出し，抜き出してまとめることに困難さがあると感じました。

指導のアイデア

　子供たちが楽しく調べ学習に取り組めるよう，「らくだ（楽だ）プリント」をつくりました。2種類つくることで，自分たちのレベルに合ったものを選択できるようにしました（学びの選択）。

　苦手意識が多く，今まで課題に取り組むこと自体が困難だった子供には「ふたこぶらくだプリント！」として細かくヒントを盛り込みました。調べる教科書のページや，表やグラフの見方などのアドバイスも入れました。どうしても気付いてほしい言葉や文章に注目できるよう，穴埋め式の文章も入れました。少しでもレベルアップしたい子供には「ひとこぶらくだプリント」として，教科書のページと，必要な資料（表やグラフ）のみを提示したプリントも用意しました。

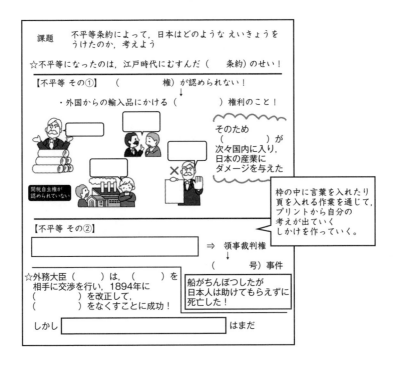

　「できる！　やれる！」と感じられることで，苦手だったことにも，意欲的に学習に取り組めるようになります。「ふたこぶらくだプリント」を使っている時点では，もしかしたら，本来の『自力解決』には至っていないかもしれませんが，一歩進むことによって，自分の力を高めたいスイッチが押されるはずです。

　少しずつ学び方を身に付けることで，レベルアップしていこうとします。最終的には，今までのらくだプリントを活用して，自分なりのノートを作成できるようになります。

（柳橋知佳子）

| 社会 | 授業で行う！
合理的配慮のミニアイデア |

授業への切り替えが難しい子
地名探し

子供の様子

　チャイムが鳴ると席には着くのですが，次の学習の準備ができておらず，「次の時間は何だっけ？」「あれっ？　社会の教科書がない！　地図帳もない！　資料集もない！」と慌てて探すことから始まることが日常でした。
　学習が始まると，どこを見ているのかがすぐにわからなくなり，「今，どこを見ているの？」と隣の子に確認する声が聞こえてきます。決してふざけている様子ではないのですが，その状態が続くとイライラしてくるようで最終的には授業に参加できなくなると推察されます。

指導のアイデア

　社会の授業の初めに，地図帳を使った地名探しを行っています。子供たちには初めての授業の時に，索引を使った地名の探し方を指導しました。ページ数，アルファベット，カタカナの３つの情報から特定の場所を探す地名探しは，簡単ななぞ解きのようで子供たちに人気の学習です。しばらくは教師が問題を出しました。自分たちが住んでいる市や，今話題になっている都市名を問題にすると，子供たちの興味関心も高まってきます。
　多くの子供が慣れてきた頃には，「見付けた人は立ってください」と指示を付け加えます。すると「一番に見付けたい！」という意欲がわき始め，夢中になって探すようになります。時間は５分もかかりません。

さらに、問題を教師ではなく子供たちに順番に出してもらうようにします。毎時間2人が1問ずつ出すようにします。中には「次は私の番だから、問題を探してきた」という子供もいます。意欲の表れです。出された地名には同じ問題を重複して出さないように赤でチェックを入れておきます。中には自力で探せない子供もいますので、「近くで困っている友達がいたら、ヒントをあげてね」と言います。普段は自分からほとんど言葉を発さない子供が、この時間には自分が見付けると近くの友達にそっと近寄って教えている様子が見られます。「ありがとう」と言われ、にっこりしています。

索引に赤でチェックします。

地図上にもチェックをします。

　授業への切り替えが難しかった子供ですが、今では前の授業が終わると次の学習の準備をするようになっています。きっかけは、社会の地名探しでした。始めた当初は、地図帳を家からなかなか持ってきませんでした。しかし、ほかの子供が夢中になって取り組み、「今日は一番だった！」「ベスト10に入れた！」などと喜んでいる様子を見て、「今度、絶対に地図帳を持ってくる」と言ってきました。そして持ってきてからは、隣の子にやり方を教わりながら徐々に慣れてきました。授業態度を指導することももちろん必要ですが、「やってみたい！」「やれそうだ！」と心を動かすことを優先すべきだと思います。授業の始まりをスムーズに行えば、その後も授業に参加しやすくなるはずです。

(宇野　友美)

社会 授業で行う！合理的配慮のミニアイデア

時代の順序を覚えにくい子
♪「もしもしかめよ」の替え歌大合唱

子供の様子

4月，初めての歴史の学習にたいていの子は興味を示しますが，1万年以上前の大昔から現在に至るまで長い時間を，歴史的事象や人物に注目しながら辿るほどに，興味の温度差が生じてくるのがわかります。1単位時間の学習内容はなんとなく理解できても，覚えることが増えてくるとそれぞれの事象の流れや何時代のことかなど，徐々に混乱してくるようでした。

教室の壁面には拡大年表を掲示し，いつでもそれを見て確認できるようにしていましたが，常に年表頼りというわけにもいきません。「せめて時代の順番が正しく覚えられたらいいのに」という子供たちの声がありました。

指導のアイデア

すでにご存知の方もいるかもしれませんが，「もしもしかめよ」の替え歌があると知り，子供たちに紹介しました。扱うタイミングはいろいろかと思いますが，私は「縄文」や「弥生」といった歴史学習の導入段階から紹介し，時代の順番が覚えられずにつまずく前に紹介し，自信をもたせました。

社会科の授業の始まりに，全員で陽気に大合唱するだけです。回を重ねるごとに，歌詞カードを見ずに歌えるようになったり，苦手意識の高かった子供も，年表を確認する前に口ずさんで，時代の前後関係を自力で考えたりするようになります。

もとの歌詞は黒，替え歌（時代の名前）は赤と色分けして節ごとにそろえて書き，掲示した。

　もちろん，時代の順番がわかっただけで歴史学習が十分とは言えません。授業で扱う歴史的事象や人物をそれぞれの時代と結び付ける工夫は，意識的・継続的に行う必要があります。

　歴史に興味のある子は，放っておいても自ら学習し，知識を広げます。しかし，時代を追うごとに覚えることが増えていく感覚が重荷になる子にとって，まずは導入時の苦手意識の払拭が肝心と考えています。

(鈴木　香)

| 社 会 | 授業で行う！
合理的配慮のミニアイデア |

新聞づくりが難しい子
好きな写真や資料ベスト5

子供の様子

　新聞づくりは，どの教科でも多く取り組まれていますが，とくに社会では，まとめの学習等で取り組む機会が多くあります。しかし，実は難しさがたくさんある課題でもあります。たとえば，①1枚の紙にどこにレイアウトすれば良いのかわからない，②多くの情報から何を伝えれば良いのかわからない，③自分の言葉で伝える方法がわからないなどです。同時にいくつも考えて，処理しなければならず，難しさを感じやすい取り組みのようです。

指導のアイデア

　新聞にする内容（単元）に関係する写真やグラフ，表，図，絵などを印刷します。教科書や資料集に載っているものを使いました。ほかの資料を使うより理解しやすく，使いやすいようでした（発展的にレベルアップしたい子は，インターネットの活用も行っています）。その資料の中から，ベスト5を選び，切り取ります。ベスト1から，指定された場所に貼っていきます。興味がある記事から貼ることで，1面記事の意味も同時に理解していきます。
　次に，見出しを入れていきます。ここで，何を書いて良いか悩んでしまう子もいますが，自分の好きな記事なので，どうしてこの記事を選んだのかという理由を書くことで，面白い見出しを付けることができたようでした。どうしても悩んだ場合は，資料のところに付けておいた資料名を書いてもいい

ことにしました。

　たくさんの文章から選ぶことが難しいと感じる子も，絵や写真など，視覚的に見やすく理解しやすいものからの選択だと，スムーズな子がたくさんいます。逆転の発想が必要でした。

　必要な子には，字を書く場所なども枠入りのプリントも用意しました。たくさんの文章を書くことで，字が曲がってきたり，そろっていなかったりすることに，苛立ちを感じ，何度も書き直す子がいます。最後には，破けてしまったり，やる気すらなくしてしまったりする子もいます。「これならできる」「ここから始めてみよう」と思えるようなシートを用意することで，自分の力を向上させようと，挑戦していける姿が，とても大切だと思います。

（柳橋知佳子）

社会	授業で行う！ 合理的配慮のミニアイデア

課題を解決する段取りや見通しが立てにくい子
担任開設の「相談コーナー」

子供の様子

　社会科の時間は，各単元の最初の時間にクラスでこれから解決すべき問題を決めると，次の時間からは，個々に自分で資料を調べながら，自分でその答えを探していくことになっています。その中で，いつもなかなか調べ始められず，なんとなく教科書や資料集をめくってしまう子供がいます。

　そこで，全員が調べ学習を始めると，机間指導でその子のところへ行き，学習問題の確認をし，調べる場所を示唆していましたが，そのうちに，そばへ行くとうつむいてしまい，なかなか進めていくことができません。話を聞いてみると，「みんなも先生に教えてもらうならいいけど……」とのこと。どうやら，いつも最初に自分のところにだけ先生が来ることに抵抗感がある様子でした。実際は，ほかの子供たちのところへも机間指導をしており，ほかの教科の時間にも，そういう場面は目にしているはずなのですが，なかなかその思いから抜けきれないようでした。

 指導のアイデア

　「もし，わからないことを何人もが先生のところに聞きに来たら，自分から先生のところへ来られるかな？」と聞くと，それなら行けるかもしれないとの返事が返ってきました。どうやら，ヒントがあると進められるという気持ちはもちながら，それを求めることに迷いがあるようです。

イラスト 軽部 千咲

　そこで，子供たちが個々に解決する時間に，教室内の空きスペースに児童机をいくつか用意し，「相談コーナー」と掲示し，図書室から借りてきたいくつかの資料も用意しながら，そこに座って子供たちが質問に来るのを待つスタイルを取ってみることにしました。子供たちには，自分でいろいろ考えてわからなくなってしまった時，ちょっと行き詰まってしまった時，少しヒントがほしい時など，自分から質問できたり，調べたりできることが大切だと投げかけると，何人もが利用するようになりました。

　直接質問しなくても，先に来ていた友達の質問に関するやりとりを聞いて，「あ，そうか！」と帰って行く子供や，そこでほかの友達と情報交換し教え合う姿も見られ，苦手さのある子もその輪の中に加わることができました。質問に来る子供が一度途絶えた時に，机間指導をして，質問時に決めためあてに向けて進めているか確認するようにしました。

（堀　彰人）

算数　授業で行う！合理的配慮のミニアイデア

絵から正しい情報を得ることが難しい子
ヒント付きプリント

子供の様子

　1年生の算数では，場面絵から立式して答えを求める問題がよくあります。「合わせていくつ？」と聞かれて，かごに入ったりんごとおさらの上にのったりんごの絵や写真を見ても，「りんごと何を合わせるのかな？」と悩んでいたり，次の問題の絵のバナナと合わせてみたりと，絵から正しい情報を得ることが難しいようでした。

　状況を推察することが難しいことやたくさんの情報があると，どこに注目してよいかわからないなどの困難さを感じました。りんご同士を合わせて計算することに気付いても，りんごの数を数える時に，入っている物が違うことへ意識が向かず，数え間違えるなどの困難さも感じました。

指導のアイデア

　一つ一つの絵のまとまりを視覚的に捉えやすくするために，線を入れたり，丸で囲んだりしました。そうすることで，どこまでの情報が一つのまとまりかが理解しやすくなりました。情報量が多いときには，絵の下に数も書き込み，まずは正しく立式することを学習のねらいとしました。そうすることで，たし算とひき算の計算の意味が理解できていないのか，数を数え間違えたのかと子供のつまずきの様子がより明らかとなり，教師の支援にも生かすことができるようになりました。

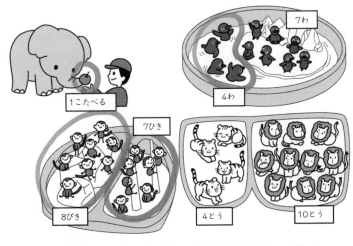

たくさんの情報があり，どこまでがまとまりかを捉えることが難しい。
一まとまりを囲むことで，情報を正しく捉え，立式することにつながった。

 困難さそれ自体への対応

　場面の理解が難しい様子が見られたので，状況絵カードを用いて，お話の順番に並べ替えたり，次にどの絵カードが入るかを考えたりするプリントを家庭学習の中で取り組めるようにしました。プリントはその子だけではなく，たくさん印刷しておき，自主学習などで誰でも使えるようにしました。学級での個別指導では，「特別感」ができるだけでないよう，「みんなも使える感」を大切にしてきました。

（榎本　恵子）

算数	授業で行う！ 合理的配慮のミニアイデア

数をまとまりで処理することができない子
フラッシュカード

子供の様子

右のようなドットカードを提示したときに、瞬時に「8！」と答えられる子供と、「1，2，3，4……8」と一つずつ数えて答える子供がいます。後者のような子供は、数をまとまりで捉えることが難しい子供で、今後の算数学習でもつまずくことが予想されます。1年生の段階で、五感をフルに活用して数感覚を身に付けていくことが大切です。

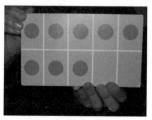

指導のアイデア

1年生の算数では、授業の導入でフラッシュカードを使った数の学習を繰り返し行います。ドットカード、数字カード、動物カード、指カード、トランプカードなどいろいろそろえておくと良いでしょう。初めは、ドットカードを使って、「いくつありますか？」と問います。徐々に答えが合っていることだけでなく、早さを要求するようにします。「○○さん、早いね！」「窓側さんが早かったな！」などと声をかけると子供たちは夢中になって答えるようになります。時には一人ずつ言わせ、個々の定着度を確かめます。繰り返し行っていると、ドットの並びを形で捉えるようになってきます。「6はピストルみたい」「7は歯ブラシ」「8は靴みたい」「9は……のこぎり？」

大きく書いた数字と
小さく書いた数字の大小比較。

トランプで大小比較。

ドットと数字で大小比較。

絵を見て大小比較
体の大きさに惑わされることなく,
数の大小比較ができるようにします。

「10はチョコレート！」など，子供たちは自由な発想で数の並びをイメージしていきます。大事なことは，数を瞬時に判断できることです。

　ドットカードの後は，数字カードを使います。そのまま数字を読むだけでなく，「1つ大きい数」「2つ大きい数」「1つ小さい数」「2つ小さい数」などとしていくと面白さが増します。これもできるだけ早く答えられるようにしていきます。カードを逆さまにして提示したり，瞬間的に見せたりすると，子供たちは大興奮です。一気に授業に集中するようになります。

　指で数を表すことは最も簡単な表現方法です。いつでもどこでもできます。実際に指を使って計算する子供はとっても多いです。せっかく指で計算するなら，その指を一気に出せるようにしたいです。指カードを見て，瞬時に数を判断できるようにするために活用します。ドットも動物もトランプも指もみんな同じ数字で表せることに子供たち自身が気付いてほしいと思います。

（宇野　友美）

算数　授業で行う！合理的配慮のミニアイデア

数の合成・分解ができない子
10だんごの歌

子供の様子

　数の合成・分解は，今後の算数学習を担う骨幹となる学習です。計算はできても合成・分解ができないという子供もいます。このような子供の多くは，繰り上がり・繰り下がりのある計算で数え足し，数え引きから抜けられなくなり，つまずいてしまいます。10を10としか捉えられず，ほかの数との関係に目を向けることができないと推察しました。

指導のアイデア

　算数の授業の導入で，「10だんごの歌」（筆者自作）を歌うようにしました。パネルシアターを使って10個のだんごを動かしながら，10の分解をしていきます。子供達はノリノリで歌い始めますが，しばらくするとマンネリ化してきます。そこで，次のように変化を付けてよみがえらせます。

① だんごを1個ずつ動かす（慣れてきたら2個ずつでも良い）。
② 串に刺さっただんごとしてまとめて動かす。
③ だんごの代わりに数字を見せる。
④ だんごの代わりにドットカードを見せる。
⑤ 列ごとに立って交互に歌う。
⑥ 男女ごとに立って歌う。
⑦ 指の動きと合わせて歌う。

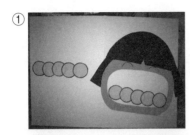

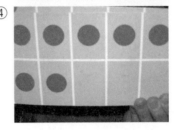

①〜③は，パネルシアターを使って視覚支援を優先させ，苦手な子供も抵抗なく参加できることをねらいとします。④〜⑦までは，カードを提示することでテンポアップさせます。さらに，列ごとに立って歌う条件を付けると，間違えずに立つことと「歌う」ことの2つが要求され，緊張感もアップします。男女ごとになると「立つ」「座る」動きが頻繁になり，楽しさが倍増します。このような小さな変化が，大きな効果を生むことになります。

♪10だんご10だんご
1と9で10だんご
2と8で10だんご
3と7で10だんご
4と6で10だんご
5と5で10だんご
6と4で10だんご
7と3で10だんご
8と2で10だんご
9と1で10だんご
10と0でおしまい！♪

自閉症の傾向がある子供にとって，歌は少し難しいようでした。そこで，手拍子を入れると手拍子だけはできるようになり，始まりの号令の後すぐに手拍子の用意をして待つようになりました。さらにわずかに口を動かすようになりました。周りを見ながら，みんなと同じことができる喜びを感じているようでした。終わった後に，「良くわかった！」「楽しかった！」「難しかったけれどなんとかやれた！」そんな声が子供達から聞かれる授業を目指していきたいです。

（宇野　友美）

| 算　数 | 授業で行う！
合理的配慮のミニアイデア |

繰り上がり・繰り下がりの計算が苦手な子
段階的なさくらんぼ計算図

子供の様子

　指を使って数え足し，数え引きをして答えを出す子供がいます。もちろん指を使うことを否定するわけではありませんが，最終的には暗算で楽に答えが出せるようにしたいと思っています。算数の授業では，①ブロック操作→②絵図に表す→③さくらんぼ計算→④暗算の順で進めることが多いのですが，苦手な子は，③で大きくつまずきます。原因は２つあると考えます。一つ目は，ある数をほかの数と関連付けて捉えることができないということです。「５」は「５」でしかなく，「１と４で５」「５は２と３」と捉えられない子です。２つ目は，さくらんぼ計算図を書くことが難しいということです。空間認知力の弱い子は，図を書くことで精いっぱいになり計算まで注意が向かなくなってしまいます。

指導のアイデア

　手立ての一つ目は，「10だんごの歌」（p.76参照）や「フラッシュカードの活用」（p.74参照）のような活動を繰り返し行い，数感覚を身に付けていくことです。
　ここでは，２つ目の手立てについて述べます。数を計算して分解することはできるのに，さくらんぼ計算図を書くことができない子もいます。そのような子供には，右のようなワークシートを用意します。理解はできているの

で答えをスラスラと書いていきます。「計算はできる！」という自信をもつことができます。ワークシートを使って何問も解いていると、次第にノートに自分でさくらんぼ計算図をかけるようになります。

【繰り上がりのある計算】　　　【繰り下がりのある計算】

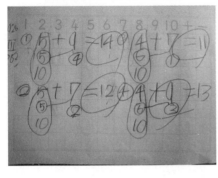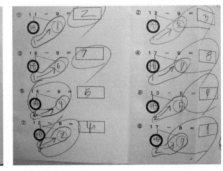

① 5＋9＝14　　　10のかたまりを意識させるため縦にそろえる。
　⑤　④
　10

② 13－9＝4　　　10のかたまりを意識させるため太枠にする。
　⑩　③
　1

また、さくらんぼ計算は次第に外していく手立てでもあるため、単元の後半では「ミニさくらんぼ」として下のように簡略化するようにします。

5⑤＋9④＝14　【ミニさくらんぼ計算】

　数の合成・分解の理解が不十分なまま、繰り上がり・繰り下がりの学習を行っている子供も少なくありません。そこで、既習の学習を復習しながら学習を進めていく必要があります。実際、さくらんぼ計算の学習によって数の合成・分解の定着を図ることができました。また、どちらのさくらんぼ計算図を使うかを自分で選べるようにします。そのほうが、意欲が増します。

（宇野　友美）

算数　授業で行う！合理的配慮のミニアイデア

計算の手順を覚えるのが難しい子
ひき算のじゅもんブック

子供の様子

　１年生の算数の最初の大きな壁，繰り下がりのある引き算。「さくらんぼ計算」とネーミングし，数の分解，合成の考え方で計算の手順を学習していくのですが，「12－8」は，「12を10と2にわける」と12の下にさくらんぼを書いているうちに次の手順を忘れてしまったり，「10から2を引いて……」と引く数がわからなかったりする様子が見られました。

　「わける」「引く」最後に「足す」といくつも手順があり，物事を一つ一つ順番に行うこと（継次的に処理すること）が苦手な子供には，とっても複雑な手順だということを感じました。

指導のアイデア

　「引き算のじゅもんブック」をつくり，なかなか手順が覚えられない子供に渡しました。

　目で見て，言葉で言って，ページをめくることで，視覚，聴覚，運動器感覚全てを使いながら学習することができます。また，ネーミングも「〇〇のじゅもん」とすることで，魔法にかかったような気分になり「できる」と自信がもてるようでした。

　いつでも手元で確認できることで，その子に付きっきりで支援することがなくなり，宿題も一人でできるようになり，保護者の負担も軽減されました。

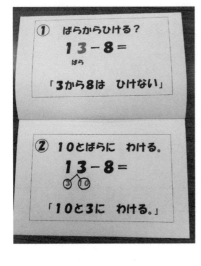

計算の手順を本のように一まとめにした。
計算の練習場面では,「じゅもんブックがあるから大丈夫」と自信をもって学習に参加することができた。

　計算の手順を覚えることの苦手さのほかに,数を量として捉えられていないことが苦手さの一つになっているようでしたので,算数の導入場面で,ドット図を用いてフラッシュカードにして数を言ったり,「10だんごの歌」(p.76参照)を歌ったりする活動を取り入れ,学級全体で楽しみながら練習しました。1年生の段階で,算数に対する苦手意識をもたせないように,楽しみながら繰り返し練習できることを大切にしてきました。

(榎本　恵子)

算数 授業で行う！
合理的配慮のミニアイデア

かけ算九九をなかなか覚えられない子①
かけ算九九カード

子供の様子

2年生の算数の最重要課題であるかけ算。繰り返し声に出して唱えることで身に付けていくことが一般的ですが，中には何度練習しても覚えられない子供がいます。「かけ算九九がんばり表」などを活用して，意欲を持続させる工夫もありますが，覚えられない子供にとっては，なかなかシールがもらえず，意欲の低下を招きます。

練習している様子を見ると，発音の不明瞭さや唱えているうちにどこまで言ったか忘れてしまう短期記憶の弱さが感じられました。指を折りながら，「四一が4」「四二が8」と練習しても，不器用さから指を折ることも困難さが見られました。

指導のアイデア

「かけ算九九」を覚えることの目的は，正しく発音できることではありません。かけ算の意味を理解し，生活の中で活用できることです。その意味を理解できるよう，様々な種類の九九カードを使って，楽しみながら練習できるようにしました。

また，スピードよりも正確さを求める活動から始め，次第にスピードを求めていくなど，ステップを踏んで活動の難易度を上げることで安心して活動に参加することができました。

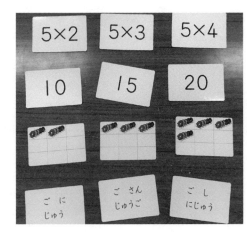

上から「式」,「答え」,「絵」,「九九」のカード。
トランプ遊びの神経衰弱や七並べ等のルールで楽しみながら練習することができた。
「かけ算九九のカードゲーム」(杉本陽子原案　学研)

　九九カードは,「式」「答え」「絵」「九九」など,様々な種類を使うことで,視覚的に九九の意味を捉えやすくなりました。九九カードをグループで協力して子供たち自身でつくることで,より九九を理解することにもつながりました。

　家庭での練習にも活用できるよう,「式」「答え」「絵」「九九」などをチャック付きケースに入れ,家庭へ持ち帰り,練習して良いこととしました。また,視覚だけでなく耳から聞いて繰り返し練習できるよう,「九九の歌」のCDなども活用しました。「九九の歌」のCDは,様々な種類の物が教材として販売されています。

(榎本　恵子)

> 算数
>
> 授業で行う！
> 合理的配慮のミニアイデア

かけ算九九をなかなか覚えられない子②
指で計算九九

子供の様子

九九を習う時期，多くは，「ししち　しじゅうく」「しちはち　ごじゅうろく」……と，呪文のようなフレーズを何度も唱え，覚えています。しかし，途中でわからなくなってしまい，なかなか思うように合格にたどりつきません。「なんて言ったらいいか，わからなくなる。何か良い覚え方はないかな」と言っています。

指導のアイデア

九九を覚えるために，頭の中で聴覚情報だけを扱います。おまけに，普段使っている数字の読み方と異なる読み方をする場合もあり，意味が曖昧なままの音のかたまりを思い起こす負担が大きいのではないかと考えられます。

最初の頃は，なかなか覚えられなかったため，文章題を解く場合には，ラミネート加工した九九表を用意し，立式した後は，それを見ながら答えを出すようにしました。

また，指を使って計算する方法も試してみました。

九の段は，掌が見えるよう両手を広げ，たとえば「かける数」が2であれば，左から2本目にあたる左手の人差し指を折り曲げます。この折った指左側が10の位，右側が1の位になります。六，七，八の段は，九の段のように掌を広げ，左手で「かけられる数」，右手で「かける数」を，指を折りなが

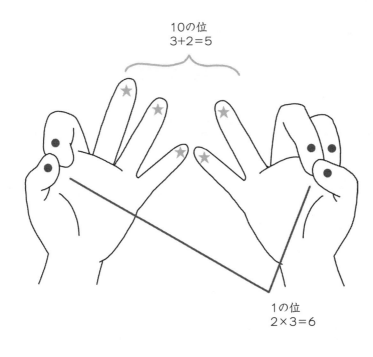

ら数えていきます。8×7であれば、まず、左手で8を数えます。右手で7を数えます。この時、左右の立ててある指の数の和が10の位になります。1の位は、両手の折ってある指の数をかけます。そこで、先のラミネート加工した九九表を参考にしつつ、二の段から五の段を練習しました。しばらくすると、確実になっていきました。

　最初は、九九表を一段ごとに写すことから始めました。少しずつ一度に見て写せる量が増えていきました。見ないで書けた段は、なるべく早く書き終わるようにすることを目標にしていきました。

（堀　彰人）

算数　授業で行う！合理的配慮のミニアイデア

吃音があり九九を速く唱えられない子
言葉の教室での作戦会議

子供の様子

　九九の学習では，それぞれの段を何度も暗唱し，覚えたら先生にも聞いてもらって，つかえずに唱えられたら合格……という風景が多くみられます。しかし，唱え始めると，途中で吃ってしまうため，なかなか自分の思うようにスムーズに一つの段が唱え終わらず，先生に見てもらいに行けない子供もいます。「九九，吃ってなかなか先生のところへ行けない」と，ことばの教室で訴えてきました。

指導のアイデア

　話を聞くと，周囲の友達は，覚えてくると得意げに一つの段をなるべく速く唱え終わらせることに夢中のようでした。そのような雰囲気の中で，速く言おうとすると，余計唱えにくさを増しているのではないかと思われました。
　実際に，今，挑戦中の八の段を唱えてもらうことにしました。「教室でやっているように唱えてみてね」とお願いしました。やはり速く言おうとするとかえって吃ってしまっているように見えました。ストップウォッチで言い終えるまでの時間を計ってみたところ，20秒ほどかかっていました。
　そこで，今度は「速くなくても，吃ってもよいから，一つも答えを間違えずに言えたら合格だよ」と確認したうえで，もう一度，八の段を唱えてもらいました。今度は，多少吃った部分はあるものの，落ち着いて最後まで唱え

ることができました。試しにストップウォッチを見てみると，14秒でした。「あれ？　なんだ，こっちのほうが速いみたい」と，自分でも意外だったようでした。

　早速，「どうしようか？　担任の先生に言ってあげようか」と解決方法を相談したところ，「先生に，ゆっくり言ったほうが速かったことを（自分で）教えたい」とのことでした。ことばの教室からも，「本人から九九の練習について訴えがあり，2人で対策について作戦会議をしました。結論は，自分で先生に教えたいそうです」とだけ，連絡帳に書いておくことにしました。

　翌日，この連絡帳を見た担任の教師が「どんな作戦会議をしたのか，知りたいな」と声をかけてくれました。すると，「八の段を速く言おうとすると，言葉が出てこなくて時間がかかってしまうけど，間違えずに言えれば良いというめあてにしたら，そのほうが言いやすいので，ゆっくりでいいですか？」と自分から伝えることができたそうです。担任の教師からは，その時の様子とともに，「クラスの子供たちがスピード競争みたいになっていたことは，自分でも少し気になっていました。つかえないことを目標にしてしまったために，困っていたのですね。ほかにも，慌ててしまうことで覚えにくい子供がいたかもしれませんね」と書かれていました。

（堀　彰人）

算数　授業で行う！合理的配慮のミニアイデア

 時刻と時間がスムーズに読めない子
すぐに読めるようになる読み方のパターン化

子供の様子

　算数の時計の学習が苦手で，スムーズに時間や時刻が読めませんでした。
　そのほかに，算数の長さや図形の学習，文字の習得でも苦手さが見られたため，図形の視覚認知能力の弱さが起因するものと推測しました。また，法則が覚えられないのは，ワーキングメモリーも関係するものと推測しました。

指導のアイデア

〈時刻の読み方〉

　時計を読むには，針の長さの弁別や，短針と長針によって数字の読み方が変わることの理解とその読み方を覚えなければなりません。また，数字間の細かいメモリを効率的に読み取るスキルも必要です。時計を読むことが苦手な子供に一度にこれらを要求しても一つ一つを処理することで精いっぱいになってしまいます。段階的に分けて学習を進めます。

①**時計の読み方のルールを教える**

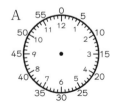
A　5分ごとであることを知る

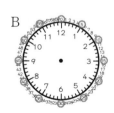
B　丸印のところから読む

②黒時赤分で読む練習

長い針が赤、短い針が黒の時計を用います。長さを判別せずに済むので、読み方の習得のみに注意を向けることができます。

※長針を00分ちょうどに固定して練習し、すらすらと読めるようになったら30分、10分、1分単位と練習を進めます。この時に、短針の読み方も教えます。

③色分けしないで長さで判別

自動的に読めるようになっているため、長さの弁別のみに注意を向ければ良いので簡単に読めます。

〈時間の読み方〉

時間の読み方をパターン化します。このようなやり方で繰り返し学習し、スムーズにできるようになったら、文章問題にします。

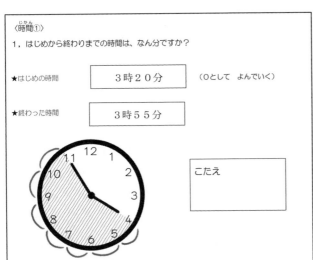

① 『はじめ』と『終わり』の時刻を教師が書き入れる。
② 『はじめ』と『終わり』の時刻の長針のみ、色分けして時計に書き込ませる。
③ 斜線を引かせ、はじめを0として『5、10……』と5分おきに数える。

テキストを作成しておくと、教師が時刻を書き入れるだけで何度も練習ができます。繰り返し練習は不可欠なので、家庭と連携して取り組ませると効果的です。

（大山　恭子）

算数　授業で行う！合理的配慮のミニアイデア

 割り算のひっ算が難しい子
位ごとの色別数字カード

子供の様子

　割り算のひっ算は，算数嫌いになるポイントと言われるところです。ここでつまずいたり，嫌いになると，その後の算数に対する苦手意識は一層強くなります。わり算のひっ算が苦手な子は，「商をたてては消して……」の繰り返しが，とても面倒くさく，挙句の果てには，ノートが破ける……といった様子が見られました。そもそも，商を立てるとき，どの数字が立つのかを想像することに困難さを抱えています。また，立てる→かける→引く→おろすなどの順序も覚えづらく，難しさは増すようでした。

指導のアイデア

　まず，何度も消すことでのイライラを軽減するため，「カード」を活用しました。色が違う数字のカードを3種類つくり，位ごとに使い分けることにしました。このことで，順番に使うことが意識付けされ，苦手だった「順番」を自然に意識できているようでした。想定したカードを立てて，かける。数が大きくなってしまったら，カードを入れ替える。この作業を繰り返していくうち，少しずつ，「立てる数字」の想定が早くなってきました。イライラすることがなくなったため，学習に集中して取り組めたようです。

　くりかえしカードでの学習をすることで，徐々にノートに書いて計算するようになりました。結果として，やり方がわかれば，やはりノートに書いた

ほうが楽だということに気づくからだと思います。カードを入れ替えるという動作があることで，集中度が持続できていました。

何の位か，どこを優先に考えるか，など，その子供に合ったポイントを書いておく。

位ごとに色を変える。問題，カードでも，ホワイトボードに書いてもよい。この子供は，カードを選択した。

　さらに，割り算の仕方や考え方がわからない子供には，数字ごとに，カードの大きさを変えたカードを2種類用意しました。割る数用，割られる数用，商用です。割る数と割られる数の数字カードを重ねることで，割る数より割られる数が大きくなることはないということを，視覚的感覚に気付くことができていました。家に持ち帰ってもクイズのように取り組めて，家族のお手伝いも負担なく進められました。

（柳橋知佳子）

算数 授業で行う！合理的配慮のミニアイデア

大きな数を読み書きするのが苦手な子
ノートのマス目に合わせた位取りカード

子供の様子

　整数の表し方として，3年生で学習した大きな数「万」から，4年生では「億，兆」へと単位がさらに広がります。「万」までは読めていたのに，数が大きくなるとスムーズに読めず苦労する子供が出てきます。とくに，空位のある数になると正しく答えることができず困っていました。

指導のアイデア

　「一・十・百・千」の繰り返しなので，大きな数を読む時は，右から4桁ごと（単位ごと）にスラッシュを入れました。それぞれのスラッシュのそばに「万」「億」「兆」の文字を添えて読む子供も出てきます。

　それでも自信のない子供には，ノートのマス目に合わせた位取りカードがお勧めです。1cm方眼ノートを学習帳として使っているなら，工作用紙の1cm方眼が生かせて丈夫ですし，筆箱に入れておけば自席を離れず，必要に応じていつでも活用できます。

　単元の導入時に，各自専用の位取りカードづくりをさせると，単位が大きくなっても「一・十・百・千」の繰り返しという仕組みを再確認する子供もいます。ノートに書いた大きな数（一マスに一字）の下に，位取りカードを合わせ，左から順に単位と組み合わせながら読むことに慣れてくると，自力で読めた自信につながり，ほかの問題にも前向きに取り組むようになりました。

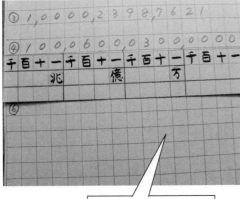

ノートに書いた大きな数（一マスに一字）の下に，位取りカードを添えて左から順に読む。
「2千5十兆／3千6十億／……」

桁数が変わっても，位取りカードの1の位さえ合わせれば，空位があっても安心して読める。
「百兆／6百億／……」

徐々に位取りカードが不要になり，4桁ごとにスラッシュを入れるだけで読める子が増えてくる。

　数の単位が急に「億」「兆」へと大きくなって負担になる場合は，まず「万」の世界での読み・書きの練習を繰り返ししておくことが習得の近道かもしれません。カードを単位ごとに色分けすると各位に注目しやすい子もいます。

（鈴木　香）

算　数　授業で行う！合理的配慮のミニアイデア

数をイメージすることが難しい子
分数板の活用

子供の様子

　数がイメージできない子供にとって，算数は大の苦手教科です。とくに数字が上下に2つ並んでいる分数は苦手です。「上が分子で下は何だっけ？」「約分？」「通分？」似たような言葉が次々と出てきてますます混乱します。
　分数の計算においては，分母が同じ分数は分子だけ足せばいい。だったら，分母が違う場合にはどうしたらいいの？　なぜ，分子だけ足せばいいの？　このような子供は，式と操作(具体物)がなかなかつながらないと推察されます。

指導のアイデア

　分数の学習で，分数板という教具をつくりました。小さめのホワイトボードを1Lマスと仮定して，そこに色画用紙をラミネートした単位分数カードを貼り付けて，量と分数板を結び付けることができるようにしました。$\frac{1}{2}$, $\frac{1}{3}$, $\frac{1}{4}$, $\frac{1}{5}$, $\frac{1}{6}$, $\frac{1}{8}$, $\frac{1}{10}$, $\frac{1}{12}$, $\frac{1}{15}$の単位分数カードを用意しました。初めは，等しい分数探しの活動をしました。「分母（色）は違うけど大きさは同じ分数を探してみよう」と投げかけると，子供達は夢中になって活動を始めます。$\frac{1}{2}=\frac{2}{4}$, $\frac{2}{3}=\frac{4}{6}$といった具合に探していきます。次に「$\frac{3}{5}$と$\frac{2}{3}$はどちらが大きいでしょう？」と問うと，「分母が違うから比べられない」と答えが返ってきます。「分母を同じにすれば比べられる」ということで通分の授業に入っていきま

す。分数板を提示し,同じ色のカードのいくつ分かを数えれば,どれだけ大きいかも求められます。「$\frac{3}{5}$ は $\frac{1}{15}$ カードの9個分,$\frac{2}{3}$ は $\frac{1}{15}$ カード10個分なので,$\frac{2}{3}$ のほうが $\frac{1}{15}$ 大きいです」という答えが返ってきます。図や式にかいてもイメージできない子には,操作性のある分数板をおすすめします。

分母は違うが等しい分数であることを視覚的に捉え,操作を通して体感できます。

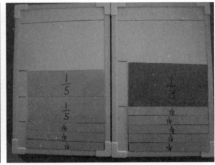

大小比較では,分母を揃えれば(通分すれば)どれだけ大きいかも視覚的に理解できます。

算数の学習が苦手であった子供が,分数板の操作を楽しみにするようになりました。「いろいろな単位分数を集めて1Lをつくってみよう」と問うと,ペアで相談しながら課題に向かっていきます。分母の違う分数の計算の学習では,メモリがないから答えがわからないという声を手がかりに,学習問題を立て解決していきます。自力解決の段階では,図を書くことが苦手な子供は分数板を使います。同じ色のカードにしてから計算すればいい,という気付きを「通分」という既習の学習につなげていきます。

念頭での操作が苦手な子は算数が苦手です。思考の手助けとなる教具が必要になってきます。そこで,分数板を動作的支援や視覚的支援として使い,どの子供も参加しやすい! 理解しやすい! 授業をつくっていきたいと思います。

(宇野　友美)

算数 授業で行う！合理的配慮のミニアイデア

図形の分類の整理が苦手な子
感覚的仲間分け

子供の様子

「三角形をなかま分けして，その特ちょうを見付けよう」という学習時に，せっかく分けた三角形を，なかま分けのために台紙に貼る際に，ばらばらになってしまいました。

日常生活のうえでも身の周りの整理整頓が苦手で，手先の不器用さもあるため，教材の整理が難しいようでした。

指導のアイデア

前時に自分で作成した三角形を，なかま分けします。最初になかま分けして，次に大きな台紙になかまごとにそれを貼り，付箋になかまの名称を記入するという課題です。紙で折った簡易な箱ですが，分けた三角形をその場で箱に入れて作業を進めることができ，次の活動の台紙に貼る際に移動する時にも，まとめて運ぶことができました。

台紙に貼る際にも，手先の不器用さにより，思うように貼るには時間がかかります。簡易なフックを台紙に付けることにより，貼ることの負荷を少なくできるよう工夫しました。フック付きの台紙を選択するか否かは，各自の判断に任されています。

三角形をなかま分けして箱に入れる。

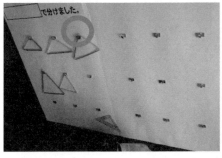 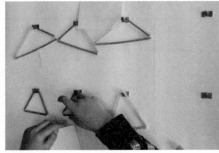

小さなフックに三角形をひっかける。

　自分がつくった「三角形をなかま分けして，特ちょうを見付ける」というワクワクする作業で，感覚的になかま分けをすることができるのに，たくさんの三角形を，うまく整理して運ぶことができなかったり，貼ることができなかったりすると，やる気も失せてしまい，時間がかかり，みんなと考えを共有する時間に間に合わなくなってしまいます。

　算数本来のねらいを学び理解するために，算数本来にかかわらない困難要因を排除することで，ワクワク感を保ちながら分類し，自分の思考を整理し，台紙に貼り，ラベリングまで行うことができました。

（加藤　悦子）

| 算　数 | 授業で行う！
合理的配慮のミニアイデア |

3つの角度が覚えられない子
直角　垂直　平行ジャンケン

子供の様子

　図形の学習が苦手な子供はとても多くいます。それはイメージのしづらさからだと考えられます。とくに直角や垂直など，似ている言葉が並ぶと，難しさを感じていました。学ぶべき重要な「言葉」を覚えることができても，それが何を示しているのかがわからなくなり，答えを間違えてしまうようです。

　新しい問題を解きながら学習を積み上げていきたいところですが，困難を抱えている子供は，「こういう問題は，全て『垂直』と書いておこう……」と考え，積み上げができていない状況になっていました。

指導のアイデア

　子供たちにとって覚えやすい動作性と視覚を生かしたゲームを取り入れることで，楽しく体で覚えられるようにしました。

　ジェスチャーで垂直，直角，平行を決めます。2人組になって，同じものが出たときに，どちらが早く，ジェスチャーのワードが言えるか競います。「♪楽しく覚えよう　算数ワード♪　ハイ！」と言いながら出します。

　ルールは様々なものが考えられます。子供たちの実態に応じて，子供たちと相談しながらつくることもできます。授業時間の最初などに，学びをそろえることを目的として，継続的に行うことで，しっかりと身に付きます。テ

スト中も,ジェスチャーや歌を思い出して,答えることができていました。

　繰り返し行うことで覚えることができますが,人よりも時間をかけないと覚えられない子供もいます。そのような場合には,暗記カード(筆者はSOSカードと言っていましたp.102)のようなものを使いました。教科書を調べることなく,カードを見ればすぐわかるように,裏表に絵と言葉を書いたものを,筆箱に入れておきました。ゲームやカードを活用し,いつも身近にあると感じることで,学習意欲が向上しました。また,わからないままにならなくなり,力も付きました。

　ゲーム性を取り入れることで,得意なことも,苦手な子も一緒に楽しく学べ,コミュニケーションも取れていきます。

(柳橋知佳子)

算数 授業で行う！合理的配慮のミニアイデア

ものさしの目盛りを読むのが難しい子
工作用紙付きものさし

子供の様子

　ものさしの目盛りを読もうとすると，センチメートルとミリメートルの目盛りの違いがわからず，ミリメートルの目盛りを一つずつ数えている様子が見られました。
　最初に「○センチメートル」を読み，その先の小さい目盛りだけを数えることを教えても，なかなか理解することが難しいようでした。また，目盛りを必死に数えているうちに，ものさしを押さえる手が動いてしまい，なかなか正しく長さを測ることができませんでした。目盛りの長さの違いを視覚的に捉えることや手先の不器用さを感じました。

指導のアイデア

　ものさしに工作用紙を貼りました。工作用紙の目盛りに赤で印をし，センチメートルが一目でわかるようにしました。
　赤い印の所を「○センチメートル」と読み，その先の小さい目盛りだけを数えれば「○ミリメートル」がわかるようにすることで，ものさしを押さえている時間も減り，正しく目盛りが読めるようになりました。
　決められた長さの線を引く時には，ものさしの端に小さな丸シールを貼り，線を引く際のスタートを視覚で捉えることができるようにしました。

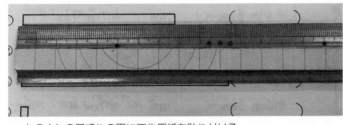

ものさしの目盛りの下に工作用紙を貼り付ける。
「センチメートル」の目盛りの位置がわかりやすくなり,「ミリメートル」の目盛りと区別してものさしの目盛りが読めるようになった。

　ものさしを手で押さえることに難しい様子が見られたので,ものさしの裏に強力な磁石を貼り,プリントの下に磁石板を置いて,固定できるような支援もしました。最初は,教師がものさしをセットし,目盛りを読むことだけに集中できるように練習し,その後自分でものさしを合わせて読めるようになりました。

（榎本　恵子）

| 算数 | 授業で行う！
合理的配慮のミニアイデア |

公式をおぼえるのが苦手な子
算数SOSカード

 子供の様子

　算数の時間，公式がわかれば解けるのに……。「解き方がわからなかったら，教科書を見よう！」と言われても，どこを探すのかわからない……。そんな子供たちは，結局何もしないまま時間が過ぎるのを待ちます。とくに，一斉授業の時は，よく見られます。ワーキングメモリーが低い子供たちは，公式を覚えることも，どこに何が書いてあるのかをたくさんのページから見付け出すことも苦手です。また，公式を見付けることができたとしても，どのように活用すれば良いのかがわからない子供も多いのです。

 指導のアイデア

　まず，暗記カードを用意します。名刺サイズでも大丈夫です。筆箱の中や，いつも持ち歩けるサイズが使いやすかったようです。色も5種類用意しました。「数と計算」「図形」「測定」「変化と関係」「データ活用」です（新学習指導要領は5領域になっています）。それぞれの学習の時に，出てきた公式をカードに書きます。そしてその裏側には，カラーペンや色鉛筆を使って，公式に当てはまる数字は，どの部分なのかをわかりやすく書きます。一人で書ける子供は，オリジナルのカードをどんどんつくっていきますが，苦手感をもっている子供には，細かいアドバイスメッセージなどは教師が書き込みました。中には初めから書いてあげた子供もいます。

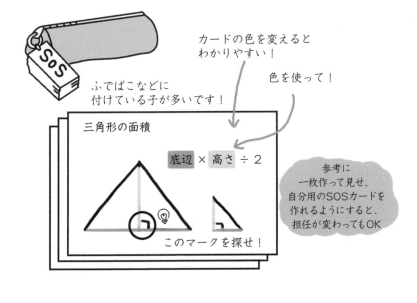

　たとえば図形の公式においては，底辺や高さなど，どこを示している言葉なのかがわからない子もたくさんいます。色分けにしたり記号を使ったりして，一つ一つ図と公式がリンクできうるようにしました。つくったカードだけでは解けない応用編の問題が出た時などは，さらにそのカードもつくっていきます。色分けをしているため，わかりやすく，すぐにほしい情報を見つけることができます。いつでもどこでも取り出せるところに入れておくので，「調べることが面倒くさい」と言わなくなり，意欲的に調べようとする姿が見られるようになりました。普段の授業中でも，意欲的に取り組み，解く問題数も格段に増えました。自分の力で解ける感覚が実感できると，次の問題にチャレンジしていこうとする気持ちが高まります。ちょっとした支援が，自主性も育て，意欲＝学力向上につながると思います。

（柳橋知佳子）

| 算数 | 授業で行う！
合理的配慮のミニアイデア |

算数に苦手意識がある子
やる気がアップするチャレンジプリント

子供の様子

　授業の様子を観察すると，共通の学習課題が終わった後の隙間の時間が，おしゃべりタイムになってしまうなど，学びの場から叱られる場になってしまうこともあります。また，算数が苦手な子供は，共通課題を何とかこなすのが精いっぱいで，学習の積み上げをすることは難しそうでした。

指導のアイデア

　共通課題を行う中で，得意不得意から生まれる学習の時差から生じる隙間の時間を，意欲的に自主的に学習に取り組めるよう，チャレンジプリントを用意します。

　その単元のプリントだけでなく，繰り返し行うことが有効な問題，100マス計算や算数クイズなど，様々な問題を用意します。

　教室の後ろのロッカーの上に問題を並べ，比較的簡単に取り組める問題（量や難易度から）からレベル１，レベル２……として，セットします。答えもそのプリントの上に掲示しておきます。

　プリントを実施した後，自分で丸付けをし，ファイルに綴じ込みます。単元が終わるたびに，取り組んだプリントの数を数え，頑張り賞を配ります。

　繰り返し学習は効果的ですが，違う問題にどんどん取り組むことが効果的な子供と，スタートに戻ってしまう子供がいます。そこで，チャレンジプリントは，同じプリントや同じレベルのプリントを何度も繰り返しても良いというルールにします。すると，苦手さを抱えている子供も，どんどん行うことができていました。自信が付いてくると，自らレベルを上げてチャレンジしてくれます。子供たちのやる気スイッチを押すきっかけづくりが大切だと考えました。プリントの内容に，なぞりや，集中型ゲームも取り入れると，集中が切れても，そのプリントで落ち着いて取り組めました。苦手さへの支援とともに，興味があることにも目を向けるとチャレンジタイムプリントはより効果的でした。

(柳橋知佳子)

| 算数 | 授業で行う！
合理的配慮のミニアイデア |

文章題を読み取ることが苦手な子

文章題の部分提示

子供の様子

　算数の授業では，その日に取り組む問題をまず提示します。次に，解決のための方法について既習をもとに予想を立てた後，個々にいろいろなやり方で自力解決を試み，最後にそれを学級で比較し合いながら，その日の学習をまとめていきます。

　文章の読解になると，細かいところまで読み取れていなかったり，思い込みで受け取ってしまったりすることが見られました。一文が長かったり文章量が多かったりすると，それだけで，少し意欲が低下してしまうような時もありました。日常会話でも，時々部分的な言葉に反応してしまうことがありました。

指導のアイデア

　文章題を一文ずつ区切るなど，意味のまとまりごとに分けて板書したり，掲示したりしたうえで，その範囲からわかることを確認し，キーワードとして横に示したり，色の付いたラインを引いたりしました。

　さらに，これまで習ったことの中から何を使うと解きやすそうか，子供たちから出た意見も素材文の下に示しておきました。

　「この前と似ている」「○○算でやればできそう」などと思い付いた解決法を口に出しながら，すぐ取り組むようになりました。

 困難さそれ自体への対応

　週に一度通っている通級指導教室では,ゲームの解説書から始め,算数の文章題,国語や社会に関する文章などを使いながら,読み方の学習を行っていました。最初は,通級指導教室の担当教師が一文ずつ示しながら,ポイントを確認する学習をしていきました。その後は,自分で一文ずつ定規を添えながら読み,ポイントとなる部分を見付ける学習,そして,ポイントとなった部分にラインを引いたり,余白にメモをしたりする学習を行うようになりました。

　　　　　　　　　　　　　　　　　　　　　　　　　（堀　彰人）

| 算　数 | 授業で行う！
合理的配慮のミニアイデア |

算数授業の板書に時間がかかる子
小さいワークシート

子供の様子

　初めの学習のめあての板書については，クラスのみんなが一斉に，自分で考えることができるように，今日の学習課題シートを全員に配布して，ノートに貼り，それぞれの課題に取り組むクラスもあります。このユニバーサルデザインの視点の実践により，みんなが一斉に考え始めることができ，どの子供も授業に参加できるようになっていました。

　このような工夫により，自分なりに考えをまとめ，参加できた子供が，最後のまとめの板書で時間がかかり，チャイムが鳴る前にノートをまとめることができずに，せっかくの一時間の学習の最後でがっかりしていました。

　黒板の文字を見てノートに書く間に，文字の形を記憶しておくことが難しく，板書を写すことに時間がかかっているようでした。

指導のアイデア

　板書のまとめと同じ内容で，キーワードだけを記入すれば良い，書く負荷の少ない小さいワークシートを作成し，授業最後の板書時に，そっと渡しました。黒板を見て，キーワードを書き終えた後，自分からノートにワークシートを貼ることができ，みんなと一緒にまとめを仕上げ，授業終了を迎えることができました。

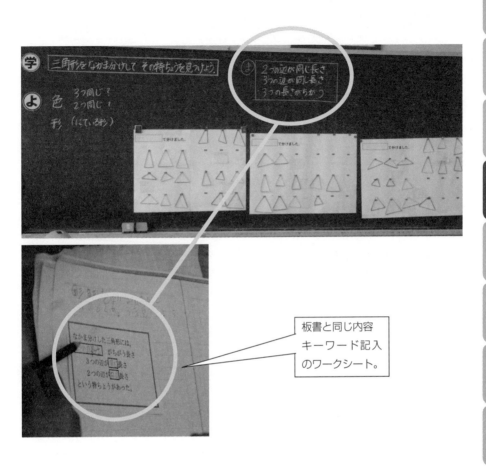

板書と同じ内容キーワード記入のワークシート。

　算数の内容は理解できるのに，板書を写すことが苦手でノートがとれず，算数が嫌いになってしまったら，子供にとって本当に悲しく残念なことです。算数本来のねらいを達成できるのであれば，書字の負荷を減らし，みんなと一緒に授業できるような，このような配慮を通常学級の授業に取り入れて，進めたいと考えます。
（加藤　悦子）

算数　授業で行う！合理的配慮のミニアイデア

自信がもてず引っ込み思案な子
答え合わせは拍手でGO

子供の様子

　算数ドリルや宿題に一生懸命に取り組むものの，授業中，発言もほとんどせず「勉強苦手」と言っていました。積極的に課題にも黙々と取り組んでいます。しかし答え合わせで順番が来ても下を向いて黙っています。「それで合っているよ」と言っても，小さい声で「間違っていたら笑われる」と言います。一人でやることはできるのですが，みんなと一緒の活動は不安なようです。友達も「Aさんはいつも一人だね」と言っています。失敗を恐れて，みんなと活動できないようでした。

指導のアイデア

　一人だと注目が集まってドキドキしてしまうようだったので，全員が立って，リズムを合わせたり，一緒に声を出したりする答え合わせを考えました。答えを，手を叩く数で表す「拍手でGO」という答え合わせを行いました。
　初めはみんながやるのを見て，おずおずと声を出していましたが，たとえ間違ってもみんなの声や手拍子で目立たないことがわかり，安心して，自分の答えを手拍子で表し，参加するようになりました。
　繰り返すうちにこの雰囲気に慣れてきて，間違えても「あ，しまった！間違えちゃったよ」と笑って友達に伝える様子も見られました。

　自信がなく不安がある子供も，算数ドリルや計算などやり方がわかれば一人でコツコツ行える学習に安心して取りめます。

　反面，国語の「主人公のキツネはどう思ったかな」や道徳での「あなたならどうしますか？」などという質問には不正解を恐れて「わからない」と口を閉じてしまうことが多くあります。自分をほかに置き換えて考えたり，抽象的な事柄を答えたりすることが難しい時には，答えやすいように選択肢を用意する，穴埋めクイズのようにするなど，活躍の場を意図的に作ることも自信のアップにつながります。

（漆澤　恭子）

理科 — 授業で行う！合理的配慮のミニアイデア

実験中に衝動を抑えられない子
みんなもわかる約束ボード

子供の様子

理科の実験中，「順番が守れない」「勝手な実験をやってしまう」……それを友達に注意をされて，怒って出ていってしまう……ということがよくありました。本人は，「順番なんて決まっていない」「やってみたかった」など悪気は全くありません。ただ，やりたい衝動と好奇心を抑えるための，ルールを理解する記憶などが困難であると感じました。注意されることが多ければ多いほど，その教科自体も嫌いになり，授業に参加したがらなくなりました。

指導のアイデア

ホワイトボードに，実験の手順と，それを行う担当者を記入します。危ない実験などは，色を変えるなどして，担当者の重要性をアピールします。担当者の名前のマグネットは，色を変えます。仕事の量の偏りが一目でわかるからです。そして，カードの量も一人２枚などと，決めておきます。「だれかだけ」ということが起きないための策です。

担当が決まって実験に取り組みます。自分がやるべきことをやり終えたら，評価カードを貼ります（クラスの人間関係が良好であれ，他者評価のほうがさらに効果的です）。それぞれが自分の担当をしっかりとやることで，みんなも自分もしっかりと取り組めた！　ということが実感できたようです。

　理科の時間だけではなく，ほかの時間も活用しました。ルールを守ることは大切なこと，本当は守りたい，と本人たちはいつも思っています。ただ，覚えられなかったり，よくわからなかったりする時に「もう一度教えて」が言えないだけのようでした。

　ホワイトボードなどのツールを使うことで，自分もわかるし，みんなで会話をしながら確認できました。経験を重ねるたびに，自分に合っている仕事，自分ができる仕事もわかってくるので，このようなツールがなくても，みんなと協力して取り組めるようになります。

　時間はかかる子供もいますが，「やるべきことがわかった」ことの積み上げが，自信をもって取り組める子供になるきっかけになると思います。

（柳橋知佳子）

| 理科 | 授業で行う！
合理的配慮のミニアイデア |

観察カードの絵がうまく描けない子
ちょこっとヒント資料

子供の様子

　虫や花のことは詳しく友達からも「植物博士」と呼ばれています。「タンポポの花はたくさんの花が集まっていて花びらもたくさんあるんだよ」と気が付いたことは発表もできます。しかし，観察カードにそのことを絵であらわすことは苦手で，丸い花びらを4枚ほど描いてあるだけです。教師は，今日観察する箇所を具体的に知らせてあるのですが，描いている様子を見ているとどこから描いたらいいかがわからないようで取りかかりにも時間がかかっています。日常で描く絵もほかの子供に比べると稚拙ですが，知的に遅れている様子は見られません。

指導のアイデア

　クラスへは，タンポポのどこを観察するのか，タンポポの全体を描くのか，花を描くのかなど具体的に指示をして，板書しておきます。そのうえで次のように描くヒントになる方法を考えました。
① 描きたいことを聞き，どう描き始めたらいいかがわかるよう，観察するタンポポを見ながら途中まで描いたものを用意する。
② 気付いたことを聞きながら，まず教師が絵に表して見せ，カードの側に置く。それを見て描く。
③ あらかじめ図鑑を用意して，気付いたことが，教科書や図鑑の写真や

絵のどこにあたるかを確認し，その写真や絵をトレーシングペーパーで写し，色を塗り，カードに貼る。
①②③とも絵を描くためのきっかけづくりとなりました。

　観察カードについては，保護者から以下のような指摘を受けたことがあります。「名前を書く欄がマス目のものも用意していただけると嬉しいです。名前がはみ出したりうまく書けなかったりすることをとても気にしています」。
　中学年になればプリント類も記名欄のマスはありません。書くことを苦手にしている子供には，一番初めに書く名前がうまく書けないことでやる気が削げてしまうこともあります。また気付いたことを書く箇所も，マス目だと書きやすい子供もいるかも知れません。このカードは「○○さん用」ではなくて，従来のカードとともに用意して，子供たちが自由に選択できるようにしました。
（漆澤　恭子）

| 生 活 | 授業で行う！
合理的配慮のミニアイデア |

カルタ遊びに参加するのが難しい子
役割の工夫

子供の様子

「むかしの遊び」のカルタ遊びにみんなが楽しく参加する中，なかなか遊びの輪の中に入ろうとせず，「やらない」と見ているだけでした。理由を聞くと，「どうせ取れないもん」と言う返事でした。

普段から，ジャンケンなど負けることがあるかも……という活動では，スッとその場からいなくなってしまうことがありました。勝ち負けへのこだわりが強いあまり，楽しく参加することに困難さがあることが感じられました。

指導のアイデア

教師と交代で絵札を読む係としました。その際，教師と交代とすることで，教師が読んでいる時に自分の読み札を確認したり，練習したりする時間ができます。そうすることで，自信をもって読むことができました。

また，読み札係として参加しているうちに，「絵札が取れるのは一人だけで，ほとんどの友達も取れないことがあるんだ」ということに気付くことができました。そんな時でも楽しそうに活動する友達の様子を見ているうちに，「やっぱりやろうかな」と参加することができるようになりました。

困難さそれ自体への対応

　勝ち負けへのこだわりが強い子供には，「勝つ」だけが楽しみではない経験をたくさんさせたいと思います。ジャンケンも「負けジャンケン」や「あいこジャンケン」などルールを工夫し，勝ったり負けたりする楽しさを経験させていきます。

　また，「負けたらどうしようか」と負けた時にどうしたら良いかを事前に一緒に考えるたりすることもありました。「負けたら，残念と言ってみよう」などと，その時の適切な感情の表出の仕方を教えるだけで，参加できることもありました。

（榎本　恵子）

| 生活 | 授業で行う！
合理的配慮のミニアイデア |

友達と手をつなぐ感覚に苦手さがある子
メダルプレゼント作戦

子供の様子

「学校探検に行くよ」と投げかけると，ほとんどの子供が「やったぁ！」と声をあげる中，どうも表情がさえず，不安な様子が見られました。どうやら，初めての活動で見通しがもてないことからくる不安のようでした。

また，「探検の約束」で，「ペアの友達と離れないようにする」といった約束が守れず，一人で行ってしまうので，ペアの友達も困ってしまい，1回目の校舎巡りの後には，「一緒に行ってくれない」という訴えがありました。日常の様子からも，手をつないだり人との距離が近すぎたりすることに対する感覚的な苦手さもあるように感じられました。

指導のアイデア

活動の見通しをもたせるために，前年度の学校探検の写真の記録を見せながら，どんな活動をするのかイメージをもたせるようにしました。また，最初はクラスで校舎内を巡り，その後休み時間に支援員さんの協力を得ながら，一人で校舎内を巡る時間を設定しました。そうすることで，活動への見通しと，「あの教室にある，あれは何かな？」と活動そのものへの興味関心が高まってきました。

メダルの紐を互いにもつことで、直接手をつながなくてもペアの確認ができるようになった。

　質問に答えてくれた教師へのお礼のためのメダルを作成し、そのメダルの紐も互いにもつことで、直接手をつながなくても良いこととしました。教師へのお礼は、ペアによってはメダル以外（名刺カードやワッペンなど）でも良いこととし、どのペアも作成する時間を設けることで、その子供のペアだけの「特別」な感じがなく、自然に活動を進めることができました。

困難さそれ自体への対応

　感覚的な苦手さへの指導や練習は難しい部分がありますが、本人が「何が嫌なのか」「どうしてほしいのか」を友達に伝えることで、友達とのトラブルは減らすことができます。「手をつなぐのが苦手なんだね」と相手を理解することで「いつも勝手に行ってしまう○○くん」という見方も変わります。

（榎本　恵子）

音楽　授業で行う！合理的配慮のミニアイデア

リズム打ちのタイミングが合わない子
スモールステップの成功体験

子供の様子

「音のカーニバル」は，4人一組になり，それぞれが受け持つ拍に打楽器を鳴らす活動が組み込まれた，子供に人気の楽曲です。4種類の打楽器の組み合わせや演奏順序次第では，様々に変わる音の世界を体感できるので，こうしてみよう，ああしてみたらどうかな，と自発的な活動へ広がります。

最後に練習の成果をグループごとに発表し合う展開も予想されますが，グループ練習の段階で拍の流れにのってリズム打ちすることが苦手で，タイミングがずれてしまう子供がいます。

指導のアイデア

グループ練習の前の一斉指導で，歌詞を見ずに歌えるくらい十分に歌い，ある程度のリズム打ちのタイミングはマスターさせておきます。視覚的補助としてリズム打ちに関わる5つのマーク「○（1の人），△（2の人），◇（3の人），□（4の人），×（全員）」を黒板に貼りました。担当する拍ごとに4列（○△◇□）に並ばせ，以下のような数パターンで練習させます。

① 各マークと列を対応させて，指さしながら，担当する拍の所で手拍子させる
② ①の手拍子に，立ち上がる動作を加える
③ 慣れてきたら，担当する拍を変えてもできるか挑戦させる

　当然のことながら，この授業の目的は正しく完璧なリズム打ちをさせることでなく，協働して音楽活動をする楽しさを感じさせることです。タイミングのずれは許容しつつ，楽しくリズム感を鍛えさせる活動と捉えています。自信のない子供にとっては，間違えてもいい雰囲気づくりが取り組みやすい安心材料となります。

　「歌詞を歌う」ことと「リズム感を追う」ことの同時進行が厳しい場合は，分けて練習すれば良いと思います。カラオケバージョンに合わせて手拍子だけに集中させるとか，拍に「ウン（休み）・1・2・3・4・パン（全員）・パン」のように番号を付け，数字に合わせて手拍子させるなど，スモールステップを踏みながら成功体験が積めるような活動を心がけています。

（鈴木　香）

音楽　授業で行う！
合理的配慮のミニアイデア

リコーダーの運指が苦手な子
簡単な運指だけでできる楽譜

子供の様子

校内音楽会で，学級の児童全員で「おもちゃのシンフォニー」の器楽合奏をすることになりました。最初は意欲的に，あまり得意ではなかったリコーダーに立候補しました。

しかし，やはり運指が苦手なため，なかなか全体のテンポに付いていけず，「ダメだ，速くてできない！」とだんだん，意欲が低下してきてしまいました。手先に不器用さがあり，練習しても思うように付いていけないようでした。

指導のアイデア

どうしたら，取り組みやすくなりそうか相談をしたところ，「すぐに音が次の音に変わらないでほしい」「誰かの吹くのを見て，まねできると良いかもしれない」とのことでした。

そこで，リコーダー全員の中から改めて希望を募り，パートを2つにわけ，3人ほどが新しいパートを担当することにしました。一方をコード進行に合わせて，「ソ」「ファ」「ミ」の3つの音に限り，なるべく1〜2小節を1音から2音でできるような楽譜を用意しました。楽譜は，音によって色分けをしたものを用意しました。

練習をする時は，早く覚えた子供を中心に円になってお互いが見合えるよ

うにして取り組むようにしました（早く覚えた子供は，指揮者が見える向きに座るようにしました）。

　同じパターンの繰り返しになるところは，すぐできるようになりました。何度か挑戦しても覚えにくいところや，音がすぐ変わるところは，その都度相談し，時には「オリジナル！」を合い言葉に，少し改良したり，思い切って休符にしたりするなど楽譜をアレンジしました。

　メロディーのまとまりごとに，記号を付け，個別のがんばり表で，その日の目標を決め，「友達を見ながらできる」は○，「一人でできる」は◎，「合わせてできる」が☆で評価を付けました。

　初めの頃，できなくて「オリジナル」にしても，友達にその部分の演奏を録音してもらい，それに合わせて吹いているうちにできるようになったところもありました。校内音楽会当日は，「すごく緊張した」と言いながらも「一つも間違えなかった」と満足そうでした。

（堀　彰人）

音楽　授業で行う！合理的配慮のミニアイデア

鍵盤ハーモニカの音がつらい子
一時避難＆イヤーマフ

子供の様子

歌が大好きで音楽のある日を楽しみにしていたはずが，鍵盤ハーモニカが始まってからは「音楽かあ，鍵盤ハーモニカやるかなあ」と暗い顔をするようになりました。担任の先生からも「鍵盤ハーモニかが始まると耳を塞いでしゃがんでしまいます」と連絡がありました。保護者が聞くと「いろんな音が急に聞こえて怖い」とのことで，心配して耳鼻科を受診し「聴覚が過敏のようです」と言わたそうでした。すぐに治すのは難しいようですが，歌やリズムにのって体を動かすのは好きなようでした。

指導のアイデア

学校で使っている鍵盤ハーモニカは音の強弱が調整できないこともあり，つらかったようなので，本人や保護者とも話し合い，授業で鍵盤ハーモニカを使う時は，隣の教室（準備室）や保健室に一時避難し，今やっている歌を聞いたり音符を読んだり歌ったりすることにしました。子供たちには，日頃から，苦手なことは人によって違うことを話してきているので事情は理解してくれました。別室に行く時も「行ってらっしゃーい」と手を振り，戻ってくると「お帰り〜」と声をかけ，ほかの活動に誘ってくれました。そのうち，本人に合ったイヤーマフができ，鍵盤ハーモニカの時はそれを付けて教室内で過ごすこともできてきました。

※並ぶ順番も本人と確認する。

困難さそれ自体への対応

　クラスの子供たちは，鍵盤ハーモニカの音をつらく感じる子供がいることを理解してくれたので，イヤーマフを付けて教室にいるときもバラバラに音を出したりすることなく，Aさんに「大丈夫？」のサインを送ってから吹くようになりました。

　イヤーマフは目立つので，ほかのクラスの子供がいる時は特製の耳栓を使うこともありましたが校医の耳鼻科医が学年に向けて紙芝居でいろいろな音の苦手さを説明してくれたのでほかのクラスの子供の理解も進みました。校内委員会でも日常生活の配慮をAさんの保護者とともに考えました。

（漆澤　恭子）

図工 授業で行う！合理的配慮のミニアイデア

カッターナイフの使用に不安を示す子
安全使用の免許証

子供の様子

　工作の際に使わせる道具として，切る場所や形，材料によっては，それまで使い慣れてきたハサミよりカッターナイフの方が便利ということがあります。カッターナイフが使えるようになると，子供の作品づくりの幅も広がります。子供が思いのままにカッターを使えるようになるには十分な慣れも大切ですが，まずは事故防止に留意した，安全な使い方の指導が必要と考えます。使用経験の差はあるかと思いますが，手先が不器用な子供，刃先を怖がる子供に限らず，個々にカッターナイフを与える場合はとくに，どの子供にも正しい使い方の事前指導をしたいと思いました。

指導のアイデア

　図工の教科書にある「カッターナイフの使い方」をみんなで読み，確認したうえで，「これがわかれば，きっと上手に使えるはず！」と伝え，安全な使い方のポイントとなる言葉を子供が埋めていく穴あき問題にチャレンジさせました。問題が解き終わったら自席で挙手をさせ，クリアできた子供はT2とともに順次対応しながら，実際にカッターナイフを使って直線（縦・横）や曲線を切る様子を見て回りました。
　使い始めの一手間ですが，「筆記も実技も合格！」の太鼓判をもらうことで子供たちの自信となり，安全に気を付けて本番の工作に入れるようです。

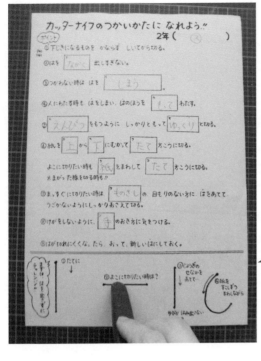

「カッターナイフ使用の免許証をもらうためには,筆記試験と実技試験があるよ」と声をかけ,取り組ませる。

机が傷つかないよう,下敷きになるものを用意する。
刃を出さずに線をなぞらせてから,実際に切る様子を見ていく。

　穴埋めする言葉が自力で考えられない子供でも,みんなで読み合った教科書には書いてあるので,探し出せればあてはめることは難しくありません。
　実際にカッターナイフを使う際に,使い方のルールを合い言葉として時々唱える場があると,子供同士で使い方を確認し合うこともできます。
　数回の練習だけでは技能の習得に自信がもてない子供には,カッターナイフの刃を出さずに線上をなぞらせたり,線の長さを短くしたりしながら,納得がいくまで繰り返し練習に付き合いました。

(鈴木　香)

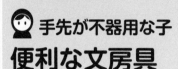

図工　授業で行う！合理的配慮のミニアイデア

手先が不器用な子
便利な文房具

子供の様子

　今年の展覧会では一人一人が自分の住みたい家を作って町づくりをすることになりました。その中で発想はとても豊かながら，作り始めると，思ったようにはさみで切ることができない子供がいました。知的に遅れは見られませんし，保護者の話でも，家ではさみの使用を禁止していたことはないようですが，はさみが上手に使えずとても不器用です。また円い窓をコンパスで描こうとしますが，うまく回転させられずにイライラしています。

　ほかの授業でも手作業がうまくできないと，「どうせできない」「やっても無駄」「やらない」とすっかりやる気をなくしてしまうことがあります。

指導のアイデア

　コンパスやはさみなど，その都度ごとに練習はしてきましたがなかなか向上しません。発想が生きた作品として完成させられるように，不器用さに対して，支援を考えました。とくに苦労していたはさみは，特別支援学級の教師や保護者の協力で集めたものを試してもらいました。

　図工で使う用具や材料だけでなく，ほかの教科についても前担任や教科担当からの情報をもとに考え，保護者とも相談し，全校で共通理解をはかりました。文房具は複数用意し，クラスの子も使っていいことにしました。これは人によってやりにくさにも違いがあることへの理解にもつながりました。

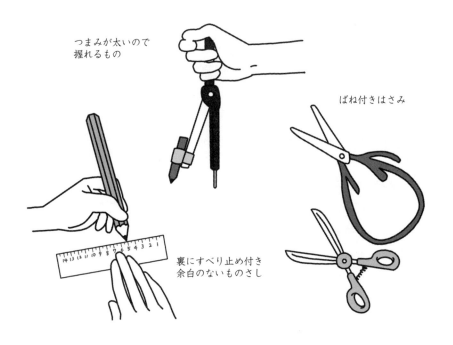

つまみが太いので握れるもの

ばね付きはさみ

裏にすべり止め付き余白のないものさし

 困難さそれ自体への対応

　不器用さの原因には，家庭や日常で機会がない，本人の練習不足などの場合のほかに，発達性協調運動障害によるものもあります。努力で補えないことであれば支援を考えていく必要があります。自分のアイデアを作品に生かすのが目的であれば，みんなと一緒の用具でなく自分の使いやすいものを使えば良いのです。みんなにも使えるようにオープンにしておくことで理解も広がります。

（漆澤　恭子）

【参考HP】
　発達障害児のためのサポートツール・データベース（教材・教具DB）
　国立特別支援教育総合研究所　支援教材ポータルサイト　等

図工 授業で行う！合理的配慮のミニアイデア

グループ学習で逸脱してしまう子
コの字型配置とお弟子さん席

子供の様子

友達の発想や作業の様子からお互いに学んでほしい時，席をグループにして学習を進める時があります。しかし，そんな中，何か気になることがあるとつい，はさみを持ったまま友達を指さしてしまったり，ほかの子供のところへ行って話しかけたり，その途中で手が引っかかって水をこぼしたり……とそのたびに作業が中断するため友達から叱責される子がいます。個別指導をしたくても図工の時間は，ほかの子供も先生に聞きたいことがあり，支援にも限界があります。その子供やその子供のグループ，そして学級の子供たちにも楽しい授業や理解される支援が求められます。

指導のアイデア

困った行動はいつ起こるかわかりません。そこで，できるだけ教師がそばにいられるようにしました。グループ編成を配慮し，理解してくれている子供がグループに入るようにしました。教師に注意される前に友達からそっと教えてもらうことで困った行動の予防になりました。4人グループの時は4つの机を2つずつ向き合わせに付けることが多いですが，教師が常に様子を見て，そしてほかの子供にも対応できるようコの字型の配置にしました。するとその子供をうらやむ声が聞かれたので，クラスの子供たちの気持ちも考えて，だれもが教師の側に座れる席をつくり，「先生のお弟子さん席」としま

した。

　落ち着いて課題に取り組めている時は，教師はほかのグループの子供たちのいいところを褒めに行きます。コの字型のくぼみに入ると子供の正面から一人一人を褒めることができます。やりにくさのある子供への支援とクラスの子供たちへの支援は両立させることが個別の支援の理解を得ることにつながります。

（漆澤　恭子）

| 図工 | 授業で行う！
合理的配慮のミニアイデア |

自分を絵に描けない子
粘土でお絵描き

子供の様子

　運動会が終わり，頑張った自分を大きく描くことになりましたが，クラスには絵を描くのが苦手な子供が必ずいます。描き始めるとすぐ「間違えました」と描きかけの画用紙を持ってきましたが，クレパスでは消して書き直すことができません。思い通りに描けなかったことでイライラしています。

　学級では，モデルとなる子供にいろいろなポーズをさせて，どう描いたら動きのある感じになるかを考えてから描くように指導しています。別の紙に下書きもするのですが，頭やほかの部分のバランスがとれず，足や腕が棒のようにまっすぐです。「大玉送りを描きたいの」と言うのですが，描かれた絵は正面を向いて直立したままです。

指導のアイデア

　粘土なら思い通りに行かなければやりなおすことができます。そこで，描きたかった大玉送りのポーズを教師がします。「手はパーにして」「片っぽの足はつま先になってる」などポーズの注文に応えます。教師からも，足は一本の棒ではなく，大腿，下腿，足首より先や足の指で構成されていることを話し，つま先立ちの時の足の様子を自分の足でも観察させます。同様に球が来る時は腕も関節で曲がっていることに気付かせ，上腕，前腕，手や指の様子も粘土で表すことにしました。

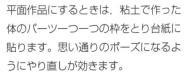

平面作品にするときは，粘土で作った体のパーツ一つ一つの枠をとり台紙に貼ります。思い通りのポーズになるようにやり直しが効きます。
ほかのクラスと同じように色画用紙に描いた絵と同じようにする必要がある時は，粘土を色画用紙にずらして全体の枠取りをし，中に色を塗ります。

　これは，「絵」だと苦手意識の強いAさんに考えた支援でしたが，クラスの子供たちから「上手！」「私もこの方法でやりたい」という声が上がったので学級全員でやってみました。力強い粘土作品を見て，「まねしよう」と言う子供も出てきました。翌日の日記には「絵を描くにはいろんな方法があるって思いました」とありました。　　　　　　　　　　　（漆澤　恭子）

【参考文献】
　漆澤恭子編著『気になるあの子もみんなも輝く！クラスと授業のユニバーサルデザイン』（明治図書）

家庭　授業で行う！合理的配慮のミニアイデア

ミシンでの製作手順を聞くだけでは不安な子供
画像入り製作手順カード

子供の様子

　5年生で初めてミシン縫いの学習が始まります。ミシンの安全な取扱い方に始まり，上糸・下糸の準備の仕方，最終的には「生活に役立つものの製作」を目指す実践的・体験的な学習が続きます。まず，指導者の実演を見せてから自席に戻り実践させますが，全ての子供がそれを一度で理解し，思い通りに実践できるとは限りません。ミシンの台数の関係でグループ形態での学習が多く，中にはミニ先生として困っている友達を支える子も出てきますが，各グループからのSOSの声に指導者が対応するにも限界があります。

　子供は指導者の実演でおおよそを理解し，やる気もあります。しかし，細部を見落としていたり，聞き漏らしたり，いざやろうとすると「あれ，次は何だっけ？」と思い出せなかったりして困ってしまうのです。そして，いつも友達に教わり続けることに居心地の悪さも感じているようでした。

指導のアイデア

　子供ができるだけ自力解決できるよう，製作の全行程の手順がわかる画像入りカードを準備しました。各グループに渡すことで，いつでも必要箇所を見て確認できるよう，学習環境を整備しました。カード作りは一手間以上ですが，そのために指導者自身が実際に製作体験するのは教材研究の一環と考えると，子供がどこでつまずきやすいか，どの画像が必要かわかります。

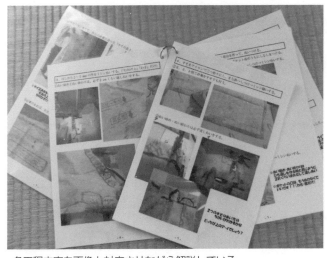

各工程内容を画像と対応させながら解説している。
気を付けさせたいポイントは，太字で端的に表記した。
やり方がわからず困っても，すぐに教師を呼ばず，まずはカードを見て自力解決しようとする姿が増えた。

　事前にカードを準備する手間はかかりますが，一度作ってしまえば，毎年活用できます。授業中は各グループでカードが活躍するので，机間指導にもゆとりが生まれました。グループ内で進度に差が出ても，行程ごとにページが分かれているので混乱はありませんでした。いつも友達に助けられていた子供も自分でできた喜びや作る楽しさを実感しているようでした。この自信や経験が，6年生以降の製作活動や家庭生活にも生かされていくので，導入段階となる5年生の学習を大切にしたいと考えましたが，他学年・他教科でもこのような視覚的支援が効果的な場面はあると思います。
　必要な子供が必要な時にいつでも使えるよう，カードを使うことに後ろめたさを感じぬよう，自然な形で提供できるよう少しずつ準備しています。

(鈴木　香)

家庭 授業で行う！
合理的配慮のミニアイデア

調理実習が苦手な子
使いやすい用具選び

子供の様子

　調理実習にはいろいろな作業がありますが，まず，最初の三角巾から，後ろで結べず，友達を待たせてしまっている子供がいました。手の巧緻性に課題があるのか，道具もうまく使えず，調理実習がスムーズに行えていませんでした。

指導のアイデア

　子供の苦手さには，努力で補えることとそうではないことがあります。家庭科の授業を参観し，やりにくさをチェックし，保護者に協力をお願いしました。
　三角巾や後ろボタンのエプロンは，ゴムや前ボタンにしてもらいました。
　また，家庭からも，実習前に予行演習がしたいという話があり手順を事前に伝えました。その結果，使いやすいトングがあるのでそれを持参したいという希望がでました。それについては，使いやすい用具で作業がスムーズにできるのでOKとしました。
　また，授業に際しては絵やイラスト入りの「約束カード」を用意して，包丁をそのまま放置するなどの失敗がおきないよう示しました。
　「約束カード」は，実習を始める前に机に並べておきたいという子供もほかにいて，クラスでも活用されています。

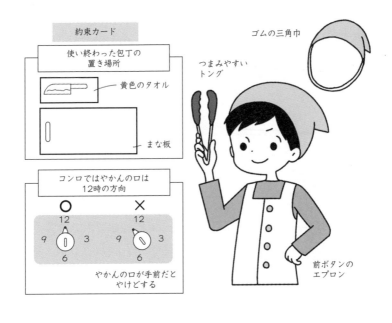

　このほかにも左ききの子供，偏食のために調理しても食べられない子供，器具の目盛りを読むのが苦手な子供，調理中の音や匂いが苦手な子供など，やりにくさは様々です。

　事前にできるだけ把握し配慮するように努めます。

（漆澤　恭子）

体育 授業で行う！合理的配慮のミニアイデア

縄が上手く回せず，跳ぶことが難しい子
選べるカードと道具

子供の様子

　1年生の段階でも，縄跳びや鉄棒遊びなどは技能面で大きな差がでやすい学習です。前回し跳びがすでに100回近く跳べる子供もいる中，縄を回すことも難しい子供もいます。「練習あるのみ！」という印象もありますが，その練習を続けるためには，やはり支援が必要になってきます。

　縄跳びの縄をうまく回せない子供の様子を見ていると，ほとんどが手首が回せず，腕全体で大きく回しています。それでも，腕全体で左右同時に回すことができれば，何回かはゆっくり跳ぶことができます。左右同時に回すことができず，縄を後ろから前に回すこと自体がとても難しい様子が見られました。

指導のアイデア

　左右の腕を同じタイミングで動かすことが難しい様子だったので，縄跳びを真ん中で切り，左右バラバラにしたもので回す練習ができるようにしました。一本でつながっていないので，回しやすく，回しながら跳ぶ感覚の練習ができました。また，教師とペア跳びなどをしながら，回ってきた縄を跳びこすタイミングなどを楽しみながら練習することができるようにしました。

　「なわとびカード」の工夫もしました。合格の回数を変えるなどし，苦手な子供も自分の頑張りが視覚的に捉えることができるようにしました。

市販の縄跳びを切って2本にする。グリップの太さや長さもその子に合わせて調整する。

　「なわとびカード」には，自分で回数を決めて書き込めるスペースをつくりました。その目標が自分にあっていない時には，途中で見直すことができるようにし，全員が目標達成できることを目指しました。なわとびカードの「シールが〇個で一級」，「シールが〇個で名人」という評価ではなく，自分の目標が達成できたら，全員「頑張り名人」とし，認めることで，縄跳びが苦手な子供も達成感を感じられるようにしました。

（榎本　恵子）

体育 授業で行う！合理的配慮のミニアイデア

長縄の8の字跳びができない子
楽しくトライ「おおなわとびにちょうせん！」カード

子供の様子

協応運動が苦手なことにより，跳ぶ位置が不適切であったり，タイミングよく縄に入ったりすることが難しいようでした。そのため，いつも自分だけが縄にひっかかってしまう失敗経験を重ねていました。また，縄が体にあたる痛さが恐怖心につながり，次第に練習にも消極的になっていました。

指導のアイデア

長縄は跳べてこそ楽しいものです。したがって，まずは「跳べた！ 楽しい！」という成功体験をさせることが大切です。そのために，下のような表を作成し，できたことが目で見てわかるようにします。また，難易度順になっているため，意欲ももちやすくなります。さらに，4は「大波小波でぐるっと回してニャンコの目」や，

おおなわとび に ちょうせん！　　なまえ						
月 日( )		月 日( )		月 日( )		
とんだかず	シール	とんだかず	シール	とんだかず	シール
1. へびを とびこす.						
2. ゆれている なわを とぶ.						
3. まわっている なわを とぶ.						
4. うたに あわせて とぶ.						
5. くぐりぬけ						
6. まわっている なわに はいって とぶ.						
7. まわっている なわに はいって，ともだちと いっしょに とぶ.						
8. まわっている なわに はいったり，あけたりする.						

「郵便屋さんの落とし物〜」と歌に合わせて様々な跳び方ができるので，休み時間に友達と一緒に挑戦することもできます。導入として学級で取り組むのも良いでしょう。

8は，手だてがあるほうがとびやすくなります。

縄の着地点がわからないため，跳ぶ位置に印（×）を書きます。また，縄にあたる怖さから縄を避けるように進んでしまうため，どの位置に抜ければ良いのかを，ケンステップやフラフープなどを置いて目印を付けます。さらに，跳ぶタイミングをつかむために，「ハイ，ハイ」と声を出しながら，友達に良いタイミングで背中を押してもらいます。このような手立てを行いながら練習すると必ず跳べるようになります。

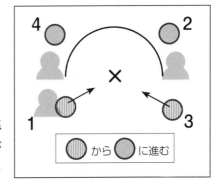

長縄は自分で回さないぶん，短縄よりも簡単に跳べるようになります。跳べることで休み時間の遊びの幅も広がるので，子供に合った手だてを行いながら段階的に練習を進めましょう。

 困難さそれ自体への対応

協応運動の苦手な子供が，運動が得意になることは難しいことです。しかし，苦手意識や恐怖心をもたせないように段階的に練習することで克服できることはたくさんあります。発達性協調運動障害の子供が，毎日の朝マラソンをコツコツと走り続け，さらに体育の時間を苦手ながらもまじめに取り組むことで，6年生の運動会で行う組体操を立派に支援なく行えた事例をいくつも見ています。何よりも大切なことは「苦手意識は減らし，運動する機会は減らさない支援」が必要だと考えています。

（大山　恭子）

体育 授業で行う！合理的配慮のミニアイデア

合図が覚えられない子
見ればわかる運動会だより

子供の様子

　運動会のかけっこでは、「位置について」（前の足を線に合わせて立つ）、「用意」（前に出た足と反対の手を前に出して構える）、「ピー」の合図でスタートをします。ところがどちらの手や足を前にするのか混乱して何度もやり直す子供がいます。また、玉入れでは入場行進の向きを間違えてしまったり、止まる合図の初めの笛が鳴っても止まれなかったり、その後の笛の合図の意味もわかっていないようです。集団で行う種目なので反則になってしまうこともあり、みんなと同じように行動できないことで友達や教師に注意されてばかりです。

　運動会の練習が始まると合図や、表現のふりなどたくさんの覚えることがあります。指示はほとんど口頭です。覚えられないと一人残された焦りも感じます。練習中に流れが変更することも出てきます。記憶の塗り替えで混乱しているように見えました。

指導のアイデア

　担任は学年の教師と相談して保護者向けの「運動会たより」を発行しました。競技の見所、運動会練習特別時間割、お勧め参観場所などのほかにタイムリーに練習の様子も伝えました。指示や流れを忘れてしまってもこれを見ればわかるようにしました。

これを見ながらかけっこのスタートの練習をして自信をもって当日に臨んだと保護者からも報告がありました（かけっこのスタートの方法は学校によって異なります）。

　自分の体のイメージがもちにくく，記憶しておくことが苦手な子供が，合図で瞬時にふさわしい行動をとることは難しいです。一律に笛の合図にするのではなく，笛のあとに「止まります」「座りましょう」と言葉を加えれば，指示に従うことができます。

　進行上そのようにできない場合やダンスなどでは「わからなくなったら隣の子と同じことをすればいいんだよ」と話し，隣の子供にも「お手本，お願いね」と頼んでおきます。個人競技の時は練習時から教師とアイコンタクトがとれるようにしておくと安心して競技に臨むことができます。

（漆澤　恭子）

道徳 授業で行う！合理的配慮のミニアイデア

気持ちを表現することが苦手な子
心のものさし

子供の様子

　道徳の教科書を読むことが大好きで，「今日はどんなお話だろう」と授業の前から興味深げにページをめくっています。教師の範読を夢中になって聞いているのですが，発問に対する答えは返ってきません。「わかりません」と表情のない様子で応えることが精いっぱいの様子です。ノートに書くよう指示を出しても書くことはできません。思いはあるのだけれど，その思いをどう言葉に表せば良いのか，その方法がわからないと推察しました。

指導のアイデア

　5年生で「手品師」という教材を扱いました。売れない手品師が男の子に演技をし，また来る約束をしますが，友人から大劇場に立てるチャンスをもちかけられます。迷う手品師でしたが，次の日，男の子の前で演技をするという話です。主題名は，「誠実な心で」となっています。まず，子供たちは「誠実」という言葉の意味を知らないので，辞書で調べさせます。「まじめで真心がこもっていること」と確認します。そして，話を途中まで読み聞かせ，問います。「手品師は，大劇場に行ったのでしょうか？　それとも男の子のところへ行ったのでしょうか？」，二択にすることで，自分の立場を明らかにします。そして理由を考えさせます。次のような考えが出されました。

〈大劇場に行く〉
・約束を破るのはだめだけどチャンスを逃すことのほうがくやしい。
・男の子にはまた今度会える。大劇場に出ることは手品師自身の夢だから。
・自分の貧しいくらしから解放されたい。
・男の子を大劇場に連れて行けば,男の子にもお客さんにも喜んでもらえる。

〈男の子のところへ行く〉
・夢は自分のため,約束は人のためだから。
・自分が喜ぶより人を喜ばせたほうがいい。
・夢はかなわないけど,手品師は人を笑わせ笑顔にするのが仕事。男の子を悲しませたら手品師失格だから。
・最初に約束していたのだから,後からきたほうを優先させてはだめ。

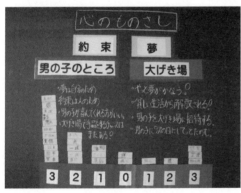

自分の夢か? それとも男の子との約束か? それぞれに目盛りを付け(心のものさし),ネームプレートを貼ることで,一人一人の心の度合いを見える化します。

　自分の思いを文章化するだけでは,うまく思いを伝えられない子供がいます。今回,心のものさしからその子供に思いがあることがわかったので,問い返してみました。すると「ちょっと迷ったけど手品師は男の子のところへ行ったと思う。自分が喜ぶより人を喜ばせたほうがいいから」という答えが返ってきました。思いを引き出す手立てを模索して,その子供に合った手立てを講じることが大切だと思います。

（宇野　友美）

| 特別活動 | 授業で行う！合理的配慮のミニアイデア |

話し合い活動が苦手な子
どの子もわかる話の可視化と焦点化

子供の様子

　話し合い活動は，学級づくりにはとても大切で大きな意味があります。しかし，聞くことが苦手な子供，記憶が苦手な子，こだわりがある子供などは，話し合い活動の時間がとても難しそうでした。また，教師側にとっても，どのように支援していけば良いのかが課題です。「友達とうまくかかわりたい」「学級活動の時間に決まったことを，自分もみんなと仲良く取り組みたい！」と思っています。もっと黒板を見れば，わかるし，話し合いに付いていけると思っているようでした。

指導のアイデア

　たくさんの意見が出てきている中で，初めから，計画委員会でいくつかに絞ってから話し合いをします。賛成・反対の意見が出てくる中で，賛成に関しては，短冊を上にスライドしていきます。しかし，反対意見が出た時は，その意見に課題が発生しているということなので，「ストップカード」を提示し，それ以上は上にスライドできなくします。すると，ストップカードを取り外すための，代替意見がどんどん出されます。その時は，みんなが様々なことを想像して，より良い意見が出てきます。みんなが納得意見，課題が解決した段階で，ストップカードは取り外され，賛成意見が出れば再度上にスライドすることができます。

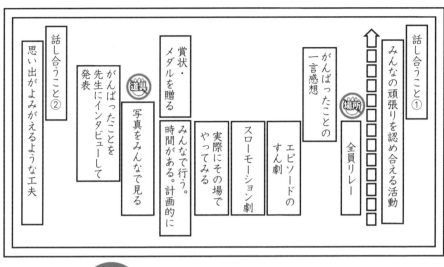

 ストップカード
「場所」の他に、
「友達」「お金」「道具」「時間」「そのほか」があります！

　多くの内容を話し合う時は，いろいろな話が混在して，今何を考えるべきなのかわからなくなってしまいがちです。そこで，黒板には，話し合っている内容を分類化し，目で見てわかるように整理することが大切です。そして，記憶が苦手な子供にとっては，話し合いながらどんどん出される素敵な意見が頭の中で更新されないでいない場合があります。そうすると，同じ意見を言ってしまい，「さっきその話し合いは終わったよ」と言われてしまうこともあるので，色を変えたカードで黒板に残していくことが大切です。
　「話し合い活動が苦手な子」と思われがちな子供は，こういった手立てを行うことで，誰よりも「話し合いが得意な子」となり，クラスでは「いてくれなくては困る」存在になりました。活躍する場所が一つでも多くなることで，生き生きと生活できていました。

（柳橋知佳子）

| 特別活動 | 授業で行う！
合理的配慮のミニアイデア |

吃音のため，健康観察ですぐ言葉が出ない子
他の表現を使いやすい雰囲気づくり

子供の様子

新学年がスタートして少し経った頃，家庭で「学校に行きたくない」ということが増えてきたという話を聞きました。以前から難発の吃音があり，母音のほか，いくつかの音で声を出しにくい時があります。ことばの教室で話を聞いてみると，朝の会の健康観察で，どこも具合の悪くない時の「はい，元気です」という返事で声がなかなか出なくなっていること，夜，寝る前からそのことが気になってしまい寝付けなくなっていることがわかりました。

指導のアイデア

とくに出しにくい音を使わない言い方ができると気が楽であるということです。しかし，必ずしも同じ音だけで起こるわけではないので，それも気がかりなことなどから，その時々で言いやすそうな言い方を選べたら良いというのが，本人の希望でした。ただ，自分一人だけ，異なる言い方をすることにも抵抗が大きいようでした。

それをどうやって担任に伝えるかもあわせて相談しました。今回は，ことばの教室の担当から担任に伝えてほしいということでした。そのうえで担任から，具体的に直接相談聞きたいことがあれば，自分からも話すことになりました。

その日のうちに，担当者と担任とで相談をもちました。

・「はい，元気です」と必ずしも言わなくても，ほかの答え方を選べる。
・自分一人だけが，ほかの答え方をしなくてもすむ。

その２つの条件を満たせる方法ということで，最初は，「答え方を個々に自由にすれば良い」ことにしようと考えました。しかし，担任からの提案で子供たちが相互に思いやれる関係を築く一つのきっかけにもするためにと，当面の間は，以下のようなリレー方式をとってみることにしました。健康観察は出席番号順だったため，前後は比較的親しい子供でした。

Ａさん：〇〇さん，昨日は風邪ぎみだと言っていましたが，今日は大丈夫ですか？
本　人：大丈夫です。Ｂさん，元気ですか？
Ｂさん：ありがとう。元気です。Ｃさんは，昨日，足をケガしていましたが，今日は元気ですか？
Ｃさん：もう治りました。元気です。Ｄさんは，今日も元気ですか？

担任から，この方法の提案について直接説明を受け，「それなら大丈夫かもしれない」との返事を得て，実際に取り組み始めました。数日後に感想を聞いてみたところ，教室全体が楽しい雰囲気でのやりとりになり，緊張が少し減ったとのことでした。

これをきっかけに，もともと仲の良かったＡさんと，「今日は言いにくかった」など，自分の話し方について自然に話題にできるようになりました。また，担任が，表現の機会をめぐって気持ちを確認してくれるようになり，困った時は，自分から伝えられるようになりました。

（堀　彰人）

| 特別活動 | 授業で行う！
合理的配慮のミニアイデア |

校外学習の作文を書くことが苦手な子
場面毎の写真活用

子供の様子

　語彙が少なく，筋道の通った話をすることが難しく，作文を書くことを苦手としていました。何をどのように書けば良いのかわからず，鉛筆が止まっています。状況に合わせて知識や単語を操作したり，できごとの脈絡を理解することが難しいようでした。

指導のアイデア

　社会科見学後の感想文を書く際に，各場面のことを想起しやすいように行程写真を掲示しました。また，作文マップとマップの記入例も合わせて提示しました。この写真を見ると，すぐに書きたい場面を選び，作文マップを見ながら書きました。さらに，原稿用紙の使い方，接続詞の使い方を提示し，それを見ながら清書し，できあがりを見て嬉しそうな表情でした。

校外学習の行程　各場面の写真。

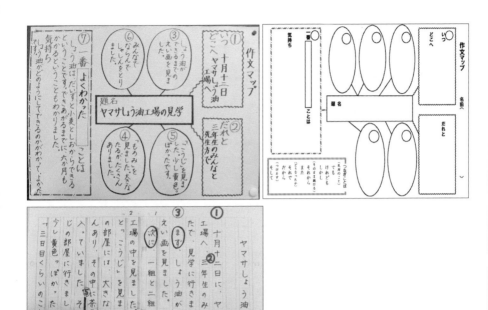

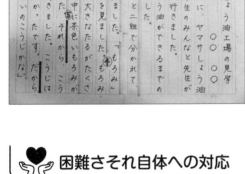

困難さそれ自体への対応

通常の学級で作文マップを使用する前に，ことばの教室の個別指導の場面で感想短作文マップを使用し，マップの使い方に慣れてから，通常の学級で作文マップを導入するよう配慮したので，通常の学級では，自信をもって使用できました。　　　　（加藤　悦子）

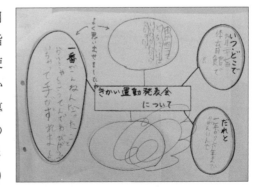

特別活動 授業で行う！
合理的配慮のミニアイデア

朝の会のスピーチが苦手な子
５Ｗ１Ｈのワークシート＆後ろ黒板の手がかり

子供の様子

　語彙が少なく，筋道の通った話をすることが難しく，朝の会でのスピーチを苦手としていました。どのように話せば良いのかわからず，思い付いたことを羅列して，話が途切れがちでした。
　状況に合わせて知識や単語を操作したり，できごとの脈絡を理解することが難しいようでした。

指導のアイデア

　朝の会のスピーチの時には，後ろ黒板に５Ｗ１Ｈのキーワードを提示し，スピーチ例を手元に持ち，話し方を見てわかるように配慮しました。
　ゆっくりですが，５Ｗ１Ｈの話形に沿って伝えようと考えながら話し，主述の合った内容を話すことができるようになりました。話している時は真剣な表情で落ち着いて話し，自分の席に戻ると満足気な笑顔になりました。

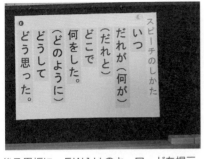

スピーチのしかた（例）	
いつ	昨日夕方、
だれが	ぼくは、
（だれと）	おばあちゃんと
どこで	近所で
何をした。	犬の散歩しています。

後ろ黒板に、5W1Hのキーワードを掲示。

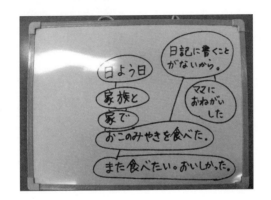

困難さそれ自体への対応

　通常の学級で5W1Hの話形でスピーチをする前に，ことばの教室の個別指導の場面でお話の地図を使って，話したことの関連を整理し，5W1Hで話す練習もし，5W1Hに沿って話すことが良いという意識を高めました。また，話型の使い方を練習する際には，VTRによって話す活動画像を即時に見せてフィードバックし，成果を実感できるように配慮しました。

（加藤　悦子）

第3章

学校全体で進める合理的配慮とユニバーサルデザインの実践

新学習指導要領とこれからの特別支援教育

　平成29年3月31日に公示された，新学習指導要領（小学校の例）総則の「第4の2（1）障害のある児童などへの指導」のアの項目に，「障害のある児童などについては，特別支援学校等の助言又は援助を活用しつつ，個々の児童の障害の状態に応じた指導内容や指導方法の工夫を組織的かつ計画的に行うものとする」と示され，総則の解説において「通常の学級にも障害のある児童のみならず，教育上特別の支援を必要とする児童が在籍している可能性があることを前提に，全ての教職員が特別支援教育の目的や意義について十分に理解することが不可欠である」と記載されました。このことにより全ての教職員が特別支援教育を理解し，取り組むことが規定されました。また，「指導内容や指導方法の工夫」をどのようにしたらよいかということについても，具体的な例示が，各教科等の解説にはじめて載せられました。そして，表記の仕方も，「学習障害の場合には」といったような障害種別での表記ではなく，「文章を目で追いながら音読することが困難な場合には（後略）」というように，一人一人の困難さの状況に焦点を当て，「（前略）読む部分だけが見える自助具（スリット等）を活用する」と具体的な支援例を示しています。これはあくまでも例であり，どのように支援するかは，児童の実態や困難状況をしっかり見極め，必要な合理的配慮の手立てを工夫することになります。

　この合理的配慮の「配慮」の意味合いは，「障害のある児童が障害のない児童と同じスタートラインで学ぶことができるように「必要かつ適当な変更・調整」を提供するということを意味しており，単なる気配りではありません。

学校全体でUD授業や合理的配慮を進める際のポイント

❶ 教師の意識の変革

　これからは，全ての教職員がどの学級にも支援を必要としている子供たちが在籍しているということを再認識し，その子供たちに対して適切な支援をしなくてはなりません。そのためには，校長ダーシップとともに教職員一人一人が意識を変えていくことが必要になります。具体的には，校長の学校経営の柱に特別支援教育を位置付けたり，校内研修の一つとして，専門家を招いての講演会や研修会を実施したりします。全教職員に新学習指導要領の意義，特別支援教育の基礎知識や関連した法令，現在の教育の動向についても研修を深めていったりすることが必要です。担任の意識が変わることで，その学級の子供たちの障害のある子供への見方も変わってきます。道徳教育，人権教育の充実に加えて，障害者理解教育を推進することで，合理的配慮の前提となる，どの子供も認められ，落ち着いて安心して過ごせる学級環境を築くことができます。

❷ 学校組織の整備

　特別支援教育は特定の誰かに任せるのではなく，全教職員で共通理解して共通実践していかなければならないことはすでに述べました。自校の特別支援教育を組織的，計画的に推進していくための要となるのが特別支援コーディネーター（以下，コーディネーター）です。コーディネーターは，担任へのアドバイスや支援，校内委員会の運営，保護者の相談窓口，学校内外の関係者との連絡調整等の役割を果たし，校内の特別支援教育のまとめ役となります。これからは学校の中核を担うような優秀な教員を配置するなど，校内でも重要な分掌に位置付けていくことが大切です。

　また，校内支援体制を充実していくために，コーディネーターは管理職との連携のもと，定期的に校内委員会を企画運営します。校内委員会の役割と

しては，支援の必要な子供の実態把握と共通理解，具体的な困難さの分析と改善方法などを検討し，個別の教育支援計画や個別の指導計画の作成の支援をします。また保護者への支援や連携方法などについても検討したり，必要に応じて，スクールカウンセラー，臨床発達心理士，特別支援学校のコーディネーターなどの，外部の専門家チームのリソースを活用しながら支援していきます。校内委員会で話されたことは，定期的に全教職員で共通理解する機会をもちます。誰もがどの学年にどのような支援が必要な子供がいるのか知り，全員で見守っていかれる学校づくりをします。

❸ UD授業と合理的配慮の工夫

障害のある子も障害のない子も，どの子供たちにとってもわかりやすい授業をUD授業と呼んでいます。たとえば感覚過敏の子供にとって，静かな落ち着いた環境はなくてはならないものです。そして静かな環境は障害のない子供たちにとっても，より

授業に集中しやすい環境でもあります。具体例として椅子の脚にテニスボールをはめて雑音を軽減したり，黒板の周りに余分な掲示をなくし刺激を減らしたりします。また，授業の流れを視覚化して表示したりして見通しを持たせる工夫もあります。ほかにも，具体的でわかりやすい話し方や一度に複数の指示は出さず，一指示一動作の徹底をしたり，まちがえた回答をしても，否定されず暖かく認めあえる学級集団作りをしたりすることも重要です。

また，わかりやすい授業とは，学ぶ内容のレベルを下げ簡略化することではありません。子供の障害特性によっては，言葉による理解が苦手だったり，書いてあるものを読みとることが苦手だったり，じっとしていることが苦手な子供がいます。できないところに注目するのではなく，その子供の得意とする感覚（視覚優位，聴覚優位，体感覚優位など）を生かせるような授業を工夫することで，より理解しやすくなります。UD授業をするうえでの視点

として，焦点化（授業をシンプルにし授業のねらいやすることを明確に示す），視覚化（思考を助けるための，視覚的な手立てを示す），共有化（ペア学習や小集団学習など，仲間同士で教え合ったり，助け合ったりし学びをシェアしあう）と呼ぶことがあります。こうした視点を考慮しながら，子供一人一人の実態を正しく把握して，その子供の困難さに応じた支援をしていきます。その際，合理的配慮として個に応じて，新学習指導要領の各教科の解説にも示されている「障害の状態に応じた指導内容や指導方法の工夫」を実践していくことになります。

特別支援学校や特別支援学級等のリソース活用のポイント

　特別支援学校や特別支援学級には，通常学級の担任にはない障害のある子供たちへの指導に関する専門性があります。特に特別支援学校には地域の特別支援教育のセンターとして，小中学校等の要請に応え，助言や援助を行うことが従来より学習指導要領に定められています。障害の重い子供への指導だけでなく，様々な障害特性に応じた個別指導の方法や保護者との関わり方，関係機関についての知識や連携方法についてのノウハウがありますので，積極的な活用を図っていくことが有効です。「ただ何とかしてほしい」という抽象的な要請や依頼ではなく，お互いのコーディネーターを窓口にして，事前にどのような内容を支援してほしいのか，具体的な内容を明確にし，計画的に進めていきます。単発的な支援もありますが，できればある程度，子供の実態を把握したり，助言の効果の検証できたりする機会をもてるように，継続的な関わりが効果的でしょう。

　また，同じ学校内の特別支援学級の先生と連携する場合は，より日常的な関わり合いが可能ですので，通常学級内での子供の授業の様子を観察してもらったり，有効な教材の提供を受けたりすることも可能です。また交流および共同学習の機会を通じて子供同士の関係も深め，普段から風通しの良い学級間の信頼関係築いていくことが大切です。

（阿部　謙策）

【編著者紹介】

佐藤　愼二（さとう　しんじ）
植草学園短期大学教授

【執筆者紹介】　＊執筆順

大山　恭子　千葉県船橋市立船橋小学校
漆澤　恭子　植草学園短期大学名誉教授
加藤　悦子　植草学園大学准教授
木下　真衣　東京都葛飾区立梅田小学校
堀　　彰人　植草学園短期大学教授
榎本　恵子　千葉県銚子市立双葉小学校
柳橋知佳子　埼玉県八潮市立八條小学校
宇野　友美　千葉県茂原市立五郷小学校
鈴木　　香　千葉県館山市立北条小学校
阿部　謙策　東京都葛飾区立梅田小学校校長

〔イラスト〕みやびなぎさ

特別支援教育サポートBOOKS

学びにくい子へのちょこっとサポート
授業で行う合理的配慮のミニアイデア

2019年４月初版第１刷刊 2021年７月初版第３刷刊	©編著者　佐　藤　愼　二
	発行者　藤　原　光　政
	発行所　明治図書出版株式会社

http://www.meijitosho.co.jp
（企画）佐藤智恵（校正）㈲七七舎
〒114-0023　東京都北区滝野川7-46-1
振替00160-5-151318　電話03(5907)6703
ご注文窓口　電話03(5907)6668

＊検印省略　　組版所　有　限　会　社　七　七　舎

本書の無断コピーは、著作権・出版権にふれます。ご注意ください。

Printed in Japan　　ISBN978-4-18-245614-5
もれなくクーポンがもらえる！読者アンケートはこちらから
→